Amore tra le righe

Serie Lilac Lake Inn
Libro 2

Judith Keim

Wild Quail Publishing

Traduzione di Geena Manfrè

LIBRI DI JUDITH KEIM

LA SERIE DELLE DONNE HARTWELL:

L'albero che parla – 1

Chiacchiere dolci – 2

Chiacchiere dirette – 3

Chiacchiere infantili – 4

Le donne Hartwell – Cofanetto

LA SERIE DEGLI HOTEL DELLA CASA SULLA SPIAGGIA:

Prima colazione all'Hotel The Beach House - 1

Pranzo al Beach House Hotel - 2

Cena al Beach House Hotel - 3

Natale al Beach House Hotel - 4

Margarita al Beach House Hotel - 5

Dolce al Beach House Hotel - 6

IL GRUPPO DEI VENERDÌ GRASSI:

Venerdì grasso - 1

I sabati di Sassy - 2

Domeniche segrete - 3

LA SERIE DI SALTY KEY INN:

Trovarmi - 1

Trovare la mia strada - 2

Trovare l'amore - 3

Trovare la famiglia - 4

La serie Salty Key Inn - Cofanetto

LIBRI DEL SEASHELL COTTAGE:

Una stella di Natale

Cambiamento di cuore

Un'estate di sorprese

Un viaggio in auto da ricordare

Le ragazze della spiaggia

LA SERIE DELLA LOCANDA DI CHANDLER HILL:

Andare a casa - 1

Tornare a casa - 2

Finalmente a casa - 3

La serie Chandler Hill Inn - Cofanetto

LA SERIE DELLA LOCANDA DELLA SALVIA DEL DESERTO:

I fiori del deserto - Rosa - 1

I fiori del deserto - Giglio - 2

I fiori del deserto - Salice - 3

I fiori del deserto - Vischio e agrifoglio - 4

LE ANIME SORELLE AL CEDAR MOUNTAIN LODGE:

Sorelle di Natale - Antologia

Baci di Natale

Castelli di Natale

Storie di Natale - Antologia Soul Sisters

Gioia di Natale

LA SERIE DELLA LOCANDA DI SANDERLING COVE:

Onde di speranza - 1

Auguri di sabbia - 2

Baci salati - 3

ALTRI LIBRI:

L'ABC della convivenza con un bassotto

C'era una volta un'amicizia - Antologia

Vincere alla grande - una piccola storia d'amore per tutte le età

Speranze per le vacanze

I biglietti vincenti - (2023)

Per maggiori informazioni: www.judithkeim.com

Wild Quail Publishing
PO Box 171332
Boise, ID 83717-1332

ISBN# 978-1-965622-50-6
Copyright ©2023, 2025 Judith Keim
(Titolo originale: *Love Between the Lines*)
Tutti i diritti riservati.

Traduzione dall'inglese: Geena Manfrè

Dedica

Agli scrittori e ai loro editor.

CAPITOLO 1
TAYLOR

Taylor Gilford sedeva alla sua scrivania, nella stanza che aveva adibito a "tana della scrittrice", al primo piano della villetta in affitto che condivideva con le due sorelle maggiori nella località turistica di Lilac Lake, e fissava sgomenta lo schermo del computer. Fuori splendeva il sole e i fringuelli purpurei, l'uccello simbolo del New Hampshire, cinguettavano allegramente sulle mangiatoie messe a loro disposizione dai vicini, ma niente di tutto ciò la toccava. Lottava contro le lacrime.

Il nuovo editor della casa editrice di New York, tale Thompson C. Walker, aveva mandato una e-mail indirizzata a Taylor Castle, il suo nome d'arte, in cui dichiarava che l'opera mancava di credibilità, che era ovvio che l'autrice non avesse mai vissuto in prima persona una relazione profonda, di quelle che "mettevano a nudo l'anima". Si era spinto poi ad analizzare i primi due capitoli, inserendo numerosi suggerimenti su aspetti che doveva modificare e informandola che non avrebbe riguardato il testo, se non dopo una riscrittura sostanziale.

Taylor era sempre stata timida, ma ciò non significava che fosse una che si faceva mettere i piedi in testa, quando si trattava di difendersi. Tirò su il telefono e chiamò la sua agente, un'intelligente e incoraggiante signora vicina alla pensione.

Nell'attesa, ribolliva dalla rabbia. Come osavano demolire il suo "figlio di carta"? Solo il pensiero le faceva venir voglia di piangere. Era come dire a una madre che il suo bambino era brutto!

Nell'esatto istante in cui sentì il "ciao" di Dorothy Minton, nuove lacrime le offuscarono la vista. Ci mise un attimo per riprendere il controllo delle emozioni. Si sforzò di calmarsi, fece un profondo respiro e si preparò a parlare.

«Ciao, Taylor, come stai?» le stava chiedendo Dorothy. Il suo tono preoccupato rischiò di far tracimare nuove lacrime.

«Non bene. Sono sconvolta dalla e-mail del nuovo editor, Thompson C. Walker. Sono furiosa perché ha fatto a pezzi il mio lavoro, come se non avessi pubblicato nemmeno un libro di successo, in vita mia. Uno che non ho mai visto prima, non ci ho mai nemmeno parlato. Se mi mettono alle strette, posso diventare altrettanto... maleducata... e sprezzante.»

«Okay» disse Dorothy. «Ricominciamo dall'inizio. Ti ha mandato una e-mail?»

«Sì. Non usa nemmeno il mio nome, si riferisce a me come a "l'autrice".» Le labbra di Taylor ebbero un fremito, ma riprese in fretta il controllo, caricata da una nuova ondata di rabbia. «Ha detto che è lampante che io non mi sia mai messa a nudo in una relazione. Mi ha veramente ferita, Dorothy. Tutti i miei lettori amano le mie storie, pur senza queste cosiddette "relazioni che mettono a nudo l'anima".»

«Be', vediamo. Con questa storia, avevi in mente di scrivere qualcosa di un po' più lungo, di più profondo. Magari è questo il problema.» La voce di Dorothy era gentile. «Perché non lasciamo quest'e-mail da parte, un attimo? A volte il silenzio è la miglior risposta. Mi hai detto che hai difficoltà a iniziare il nuovo libro. Perché non ti prendi un po' di tempo e ti godi il soggiorno a Lilac Lake per qualche settimana? Poi parleremo dei prossimi passi. A quel punto avrai le idee più chiare su quello che ti è stato detto. Puoi farlo per me?»

Sentendosi come un'adolescente isterica, Taylor deglutì il nodo in gola. «Okay, ma sono furiosa, comunque. È stato sgarbato.»

«Chiaro» rispose Dorothy. «È facile sminuire uno scrittore, quando non hai mai pubblicato niente di tuo.»

«Giusto» esclamò Taylor, sentendo riaffiorare la rabbia. «Farò come dici e proverò a non pensarci e a godermi la permanenza qui.» Già mentre lo diceva, sapeva di mentire. Non si sarebbe mai dimenticata di quel presuntuoso nuovo editor che aveva fatto a pezzi il suo libro. Non capiva che lei aveva messo anima e cuore nel suo lavoro, che scrivere era difficile?

«Ricorda, Taylor, hai un sacco di lettori che amano i tuoi libri. Non essere troppo dura con te stessa» disse Dorothy. «Ne parleremo più avanti.»

Taylor chiuse la chiamata, si alzò dalla scrivania e scese al piano di sotto, per cercare conforto in un bicchiere di tè freddo. Per fortuna, le sue sorelle non c'erano. Aveva bisogno di tempo per calmarsi.

Dani, la sorella di mezzo, aveva appuntamento con un ispettore edile per la ristrutturazione del loro cottage. Whitney, che a trentadue anni era la maggiore delle tre, era andata a trovare la nonna, GG, che viveva a Woodlands, una residenza per anziani lì vicino.

Non appena entrò in cucina, Mindy, la bassottina nera focata di Whitney, le trotterellò incontro, in cerca di attenzioni.

Taylor la prese in braccio, la abbracciò e rise quando la lingua rosa di Mindy le sfiorò le guance.

Mentre la rimetteva giù, le venne in mente che lei era l'unica delle tre sorelle a non avere un cane o un animale da compagnia. Forse non possedeva la naturale attitudine all'amore? Era questo che mancava ai suoi personaggi?

Che sciocchezza, si rimproverò. Offrì un biscottino a Mindy e si versò un bicchiere di tè freddo.

Lasciò uscire la cagnolina nel giardino sul retro e si

accomodò su una delle sedie Adirondack del patio a osservarla. Respirò l'aria fresca del mattino. Era circondata da un'ampia varietà di sempreverdi, che sprigionavano un delicato profumo. Gli ultimi fiori stavano appassendo sui cespugli di lillà, che si preparavano per il loro viaggio annuale verso la primavera successiva, quando sarebbero tornati a fiorire. Marjorie Hight, la padrona di casa, aveva piantato un delizioso roseto, e Taylor ne ammirò i colori, beandosi della loro bellezza. Godersi quel momento di pace, decise, era più importante che angustiarsi su una brutta e-mail.

Spostò lo sguardo oltre la staccionata, verso la casa in stile Cape Cod di Brad Collister, il vicino. Quella era una storia che avrebbe meritato di finire in un romanzo. Dani e Brad si erano innamorati a prima vista, e in breve tempo fidanzati. Dani le aveva detto che era stato un colpo di fulmine, e che lei e Brad erano anime gemelle, come se il loro amore fosse scritto nel destino. Pur essendo felice per loro, Taylor non credeva che una cosa del genere capitasse a tutti.

Aggrottò la fronte. Anche quello faceva parte delle sue mancanze?

Era stato un colpo di fortuna ritrovarsi a vivere insieme alle sue sorelle a Lilac Lake, ma, pensò, alla fine la vita era piena di sorprese. Dopo essere state attirate lì da GG, avevano appreso che la loro amata nonna aveva venduto la Lilac Lake Inn, la locanda appartenuta alla loro famiglia per generazioni, e si era trasferita a Woodlands. Come parte dell'accordo di vendita, GG si era tenuta il cottage, con oltre un ettaro di terreno attorno, e l'aveva donato a loro tre, ma a condizione che la casa fosse occupata per almeno sei mesi l'anno. Era stato un regalo molto generoso, ma per prima cosa il cottage aveva bisogno di una completa ristrutturazione, e poi c'era il problema del fantasma...

Non tutti credevano che la casa fosse infestata dallo spettro della signora Maynard, una donna morta al gelo, proprio fuori dal cottage, nel dicembre del 2002. D'altra parte, nessuno poteva essere certo che i fatti strani che si erano verificati lì dentro fossero delle semplici coincidenze. Taylor sapeva solamente che non voleva ritrovarsi sola in quella casa, almeno non finché non fosse stata sicura che quegli accadimenti misteriosi non si sarebbero più ripetuti.

Dani aveva una laurea in architettura e stava seguendo la ristrutturazione del cottage, dopo aver abbandonato un importante studio di Boston. Senza dubbio, si sarebbe trasferita a Lilac Lake in modo definitivo, visto che Brad e il fratello, Aaron, gestivano la Collister Construction e avevano in cantiere un complesso edilizio in forte sviluppo. Come se l'avesse evocata, Dani apparve sul patio con il suo labrador nero, Pirata.

«Come va?» le chiese, sedendosi accanto a lei. Con i suoi capelli color miele e gli occhi azzurro cielo, come quelli di GG, Dani era il maschiaccio del gruppo, la più estroversa. Da che si era fidanzata, era raggiante di felicità.

Taylor evitò lo sguardo indagatore di Dani per poi lasciare uscire un sospiro. «Non troppo bene. Ho ricevuto dei commenti orribili sull'ultimo libro in pubblicazione, dal mio nuovo editor. È stato piuttosto devastante.»

Il volto di Dani si incupì. «Mi dispiace. So quanto sei sensibile. Dev'essere molto difficile. Soprattutto ora che stai cercando di cominciare un nuovo libro.»

«Ho parlato con la mia agente e lei mi ha detto di prendermi del tempo per riorganizzarmi. Di godermi Lilac Lake per un po'. Ed è quello che intendo fare.»

«Okay, allora, perché non vieni con me al garage del cottage? Dobbiamo vedere cos'è rimasto lì dentro. Dopo che l'avremo pulito potremmo metterci alcuni degli scatoloni di Whitney.»

«Dove?» chiese quest'ultima, raggiungendole. Prese Mindy tra le braccia e spostò una sedia per formare un cerchio. Whitney, bionda e bellissima, era un'amata attrice di una serie TV famosa ma, dopo uno scandalo, aveva deciso di lasciare la California, incerta sul suo ritorno. Cantare e ballare erano le sue passioni da sempre, ma in quel momento stava attraversando un periodo difficile. Taylor sperava che trascorrere del tempo a Lilac Lake le avrebbe giovato.

«Potremmo spostare alcuni degli scatoloni che hai spedito qui, nel garage del cottage. Tanto dobbiamo svuotarlo, in ogni caso. Se lavoriamo tutte insieme non dovremmo metterci molto.»

«Va bene. Ho bisogno di tenermi occupata» accettò Whitney. «Sono così abituata a lavorare che mi sento spaesata.»

«Ma il riposo ti sta già giovando» disse Dani. «Quando sei arrivata avevi un aspetto orrendo.»

«Ah be', grazie tante» rispose Whitney, ma sorrise. Poi fissò lo sguardo in lontananza, verso il giardino, carezzando la testa di Mindy. Quando tornò a guardarle, la sua espressione esprimeva determinazione. «Ho deciso di concentrarmi sulle nostre responsabilità qui, invece che preoccuparmi di quello che sta succedendo a Hollywood. È arrivato il momento di vivere secondo i miei valori, che non sono in linea con diverse cose che accadono laggiù.»

«Ben detto» disse Taylor. Aveva sempre ammirato le sorelle per la loro abilità di rimanere in carreggiata, qualsiasi percorso decidessero di intraprendere. Non lo facevano certo apposta ma, spesso, la facevano sentire inadeguata. Con i suoi capelli scuri e lisci, gli occhi marroni e i lineamenti forti di suo padre, Taylor non somigliava per niente alle sue sorellastre.

In passato, Dani e Whitney erano state inseparabili e non sempre desideravano la sorellina piccola tra i piedi. Una volta adulte si erano riavvicinate, ma, da bambina, Taylor si era spesso isolata nei libri per fuggire dalla sensazione di essere fuori posto. Era un'altra ragione per cui la sua scrittura mancava di incisività? *Santo cielo!* Quella e-mail aveva minato tutte le sue certezze.

Dani si alzò. «Se siamo tutte pronte, andiamo subito al garage. Una volta ripulito, potremmo metterci anche le cose che compriamo per la casa, oltre agli scatoloni di Whitney.»

Felice di poter fare altro, rispetto a tormentarsi per l'orribile messaggio di Thompson C. Walker, Taylor si avviò con le sorelle al SUV di Dani, portando un cestino di prodotti per la pulizia.

Ogni volta che si avvicinava al cottage, Taylor riviveva l'esperienza spiacevole dello scherzo delle sue sorelle, che una volta l'avevano lasciata lì da sola, dopo averle raccontato che ci viveva un fantasma. Quando avevano capito quanto si fosse spaventata, entrambe le avevano chiesto scusa, pentite, giustificandosi con il fatto che tutti i ragazzini scherzavano sul fantasma.

Al momento, la casa, parzialmente demolita, non sembrava poter ospitare alcun fantasma. I muri interni erano stati buttati giù, la cucina era stata sventrata e accanto alla casa c'era un container pieno di laterizi, vecchi pannelli, elettrodomestici inutilizzabili e altri materiali da costruzione.

Dani parcheggiò di fronte al garage, accanto ai camion dell'impresa di costruzione. Taylor scese dall'auto e attese che Dani aprisse il vecchio lucchetto della serranda, poi si fece da parte mentre la sollevava generando una nube di polvere che si disperse nell'aria per poi depositarsi.

All'interno dello spazio buio si stagliavano varie sagome.

Taylor accese la luce e le sagome presero la forma di scatoloni, attrezzi da giardinaggio e un vecchio tagliaerba che appariva mangiato dalla ruggine e irrecuperabile.

«Okay, tiriamo fuori un pezzo per volta. Getteremo le cose che siamo sicure che non ci servano nel container. Le altre le metteremo da parte per ispezionarle più tardi» disse Dani. «Pensavo ci fosse più roba qui dentro.»

Lavorandoci in tre, non ci misero molto a svuotare il garage. Quasi tutto, incluso il tagliaerba, finì nel container. Misero da parte qualche attrezzo da giardino.

«Dobbiamo togliere le ragnatele, spazzare il pavimento, lavare la finestra e ripulire il più possibile» affermò Taylor, guardandosi intorno disgustata.

«Vado a prendere una scala, così guardo anche cosa c'è sulla mensola in fondo» disse Dani.

«Ho capito, noi staremo qui a lavorare mentre tu vai a trovare il tuo fidanzato» la prese in giro Whitney. «Ho visto il suo pickup qui fuori. Non sparire per troppo tempo.»

Dani scoppiò a ridere. «Tranquilla, non saremo soli.»

«Quando state insieme, voi due, è sempre come se ci foste solo voi al mondo» ribatté Whitney.

È questo che manca ai miei personaggi? Questo sentirsi come se non ci fosse nessun altro al mondo a parte loro due? Taylor scosse la testa. Doveva smetterla di pensare a quella orrenda e-mail.

Dani tornò pochi istanti dopo, portando una scala. La posizionò accanto alla mensola e salì a vedere. «Non c'è niente qui» annunciò. «Oh, aspettate, c'è una scatola contro il muro.»

Whitney si avvicinò alla scala. «Sono qui sotto. Passamela.»

Anche Taylor accorse ad aiutarle.

Dany si allungò e trascinò la grossa scatola che sembrava provenire da un negozio fino al bordo della mensola. «È leggera, ma stai attenta» avvisò Whitney, prima di passargliela.

Taylor aiutò la sorella a reggere la scatola per poi posarla sul pavimento di cemento.

Mentre la studiava, la sua fantasia prese il volo, generando ogni sorta di immagini. «Dev'essere speciale, se l'hanno conservata con tanta cura. Cosa pensate che vi troveremo?»

Dani scese dalla scala e le diede di gomito. «Sei sempre la solita romantica. Diamo un'occhiata.»

«Voilà» disse Whitney sollevando il coperchio. Un secondo dopo, stavano tutte fissando un assortimento di vestitini per neonato. Mentre sollevava un minuscolo golfino azzurro, le mani di Whitney cominciarono a tremare.

«Per quale bambino erano? E perché sono qui?» si interrogò Taylor. La sua immaginazione stava già scrivendo una storia.

«Forse hanno a che fare con quei certificati di nascita e morte che GG conservava per qualcuno» mormorò Dani. Mentre stavano recuperando oggetti personali dalla locanda, qualche settimana prima, avevano trovato una scatola di latta che conteneva documenti personali di GG, ma anche il certificato di nascita di un bambino di nome Isaac Thomas, nonché il suo certificato di morte, datato un giorno dopo. Quando avevano chiesto chiarimenti a GG, lei aveva detto di non aver idea di cosa contenesse quella busta, che le era stata data da un'amica, con la preghiera di tenerla al sicuro.

Dani allungò una mano e Whitney le passò il maglioncino. «Brad e io vogliamo dei bambini,» disse, sollevandolo per guardarlo meglio «ma a vederlo così piccolo mi viene voglia di aspettare un po', dopo il matrimonio.»

«Piccolo lo è di certo» commentò Taylor. Anche lei avrebbe voluto dei figli, ma sapeva che non sarebbe accaduto a breve. Non aveva ancora un ragazzo, per non parlare di un amore di quelli che "mettono a nudo l'anima".

Whitney fece per richiudere la scatola, ma qualcosa di

bianco attirò l'attenzione di Taylor. «Un attimo. Ho visto una cosa interessante lì sotto.»

Whitney passò con cura alle sorelle un cappellino, delle scarpine e una copertina da culla, fino a rivelare un abito bianco. Con attenzione, per evitare di sporcarlo, si rimise in piedi sollevando il lungo abito senza maniche, in un materiale che sembrava seta.

Taylor si appoggiò una mano sul cuore. «È un abito da sposa.»

«Pensi che anche questo c'entri con i certificati che abbiamo trovato?» domandò Dani.

Taylor sospirò. Di sicuro c'era dietro una storia triste. «È il caso che chiediamo di nuovo a GG se ne sa qualcosa.»

Whitney portò fuori l'abito. Dani la seguì con i vestitini e Taylor si accodò con la scatola vuota.

Un'inattesa folata di vento si sollevò per strappargliela di mano. Scioccata, la vide fluttuare come un aquilone per andare a schiantarsi sul vialetto, accartocciandosi nell'impatto.

«Wow! Cos'è stato?» Dani la fissò con gli occhi spalancati. «Sembrava un piccolo tornado.»

«Io... non ho capito bene cos'è successo» balbettò Taylor, scossa. Whitney e Dani avevano ancora i loro oggetti saldamente nelle mani.

«Mettiamo queste cose al sicuro in macchina, così che non si sporchino» concluse Dani. «Abbiamo ancora del lavoro da fare, in garage. A breve dovrebbero consegnarci i nuovi elettrodomestici. Li dovremo mettere lì, in attesa di poterli installare in casa.»

Per tutto il tempo in cui Taylor si diede da fare in garage, non riuscì a togliersi dalla mente ciò che avevano trovato. C'era una storia dietro quegli oggetti, ed era piuttosto sicura che non fosse una storia felice.

###

Dopo essere tornate a casa, Whitney tirò fuori una piccola valigia dal proprio armadio. «Possiamo metterci le cose che abbiamo trovato.»

Whitney stese l'abito sul letto, lo piegò con cura e lo avvolse in un foglio di carta velina che aveva preso da un cassetto. «Ecco qui. Un vestito così grazioso, così semplice.» L'abito senza maniche aveva una linea classica, il tessuto era liscio e satinato.

«Metto sul fondo della valigia i vestitini e la copertina, così che l'abito non si rovini» aggiunse Dani. «Come hai detto tu, Taylor, c'è una storia qui. Magari potresti usarla nel libro che stai scrivendo.»

«Magari sì» rispose lei, ma mentre lo diceva sentì un brivido in mezzo alle scapole. Alcune storie non spettava a lei raccontarle.

CAPITOLO 2
TAYLOR

Un paio di giorni dopo, Taylor era seduta con Whitney nel dehors del Lilac Lake Café a sorseggiare una bevanda senza zucchero, in attesa di Crystal Owens, la proprietaria della caffetteria. Crystal le aveva convocate per discutere di un suo progetto. Erano entrambe curiose di scoprire cosa avesse in mente, e Taylor avrebbe colto ogni occasione di pensare ad altro che non fosse quella e-mail che le toglieva il sonno.

L'attesa non era un problema, le dava la possibilità di studiare la cittadina, che era diventata una tra le mete più gettonate dai turisti. Il municipio si trovava proprio di fronte alla caffetteria, sull'altro lato della strada. La facciata in legno bianco faceva il paio con quella della chiesa poco più in là, eccetto che per il campanile che si innalzava verso il cielo come una promessa di salvezza. L'edificio in mattoni rossi incastonato tra i due era la sede della stazione di polizia, una posizione perfetta per mantenere l'ordine.

Main Street si estendeva per diversi isolati ed era costellata su entrambi i lati da un gran numero di ristoranti e vetrine per tutti i gusti. Taylor sospirò osservando i gruppetti di persone, per lo più turisti, che passeggiavano lungo i marciapiedi di quella strada da cartolina. Era fantastico uscire di casa, invece di starsene a fissare il computer chiedendosi se sarebbe mai stata in grado di scrivere di nuovo.

Crystal le raggiunse, risvegliando Taylor da quei pensieri insolitamente cupi. Poco più grande di Whitney, appena un paio d'anni, con i suoi capelli viola e il suo onnipresente sorriso, era una presenza rasserenante. «Eccovi qui. Grazie per essere venute. Ho un enorme favore da chiedere a entrambe.» Si sedette accanto a Whitney, di fronte a Taylor. «Mi hanno affidato il compito di curare un carro per la parata del 4 luglio, sponsorizzato dalla Collister Construction. So che Dani è molto occupata, ma sarei felicissima se voi due poteste darmi una mano.»

«Di cosa si tratterebbe?» domandò Whitney. «Se ti serve aiuto dietro le quinte mi farebbe piacere, ma non voglio saperne di sfilare sul carro.» Dopo essere fuggita dalla sua vita a Hollywood, Whitney voleva tenere un basso profilo, specialmente in città, per evitare attenzioni indesiderate. Aveva bisogno di una pausa dai riflettori e dalla gente che pensava di avere il diritto di sapere tutto di lei.

«Non preoccuparti. Sul carro ci metterò le ragazze della scuola di danza di Linda, a lanciare caramelle e gadget alla folla. Quest'anno, il tema è il quinto compleanno della Collister Construction. Costruiremo una gigantesca torta di compleanno in polistirolo, che copriremo di fiori di carta. E poi ci saranno altre decorazioni, naturalmente: palloncini, stelle filanti e altri addobbi. Le ragazze indosseranno jeans e caschetti da cantiere, e magliette con la scritta Collister Construction. Sarà carino.»

«Come pensi di costruire una torta di polistirolo?» chiese Taylor.

«Ho ordinato dei dischi tagliati su misura e poi li comporrò in una grossa torta a due strati» spiegò Crystal. «Il più sarà ricoprirla tutta di fiori di carta e altre decorazioni. Le ragazze della scuola di danza mi daranno una mano.»

«E il carro vero e proprio, invece?» domandò Whitney.

«È lo stesso che usiamo tutti gli anni. Sarà ricoperto con un panno verde con le frange bianche. Molto funzionale. Allora, che ne dite?»

Taylor si scambiò un'occhiata con la sorella.

«Ci sto» disse Whitney.

«Quando cominciamo?» chiese Taylor. Un progetto del genere le sembrava una maniera utile per cominciare a far parte della comunità.

«I dischi di polistirolo sono in arrivo. Non appena me li consegnano, possiamo partire. Abbiamo il permesso di lasciare il carro ai magazzini dei Legnami Beckham» spiegò Crystal. «Potete andare lì quando volete per lavorarci, una volta che avremo cominciato a decorarlo. In cambio dello spazio che ci hanno messo a disposizione, appenderemo un grosso striscione con il nome del deposito legnami in fondo al carro.»

«Mi sembra giusto. Quanti carri ci saranno alla parata?» chiese Whitney.

«Di norma, quattro o cinque» rispose Crystal. «Ormai vengono anche dalle cittadine vicine per partecipare alla nostra parata. Ci saranno anche due bande del liceo, club scolastici e associazioni hobbistiche. La sfilata partirà appena fuori dal centro, sfilerà per Main Street e si concluderà al parco, sull'altra sponda del lago. Ci sarà anche gente che la guarderà dall'acqua, dalle proprie barche.»

«Ricordo di averlo fatto anch'io» sorrise Taylor.

«Anch'io» confermò Whitney. «Un vero spaccato della provincia americana. Sarà bello farne di nuovo parte.»

Quel pomeriggio, su invito di Brad e Aaron, Taylor e Whitney si recarono insieme a Dani a vedere il nuovo complesso residenziale che la Collister Construction stava edificando sulla sponda opposta del lago Lilac. I *Meadows*, come l'avevano battezzato, consisteva in un quartiere di ville singole di pregio, progettate su misura per il cliente. Dani, che ormai faceva parte della squadra, in qualità di architetto, era orgogliosa di mostrarle alle sorelle.

Due abitanti del posto avevano ordinato la propria futura casa nel nuovo quartiere: Melissa Hendrickson, che lavorava come chef nel ristorante di famiglia, in città, e Ross Roberts, un'ex stella del baseball. La maggioranza degli altri acquirenti, con tutta probabilità, sarebbero arrivati dall'area di New York e Boston.

«Sono così felice di potervi mostrare il complesso. Sono orgogliosa di Brad e Aaron che hanno reso possibile tutto questo. È stata una mossa coraggiosa, ma sta già dando i suoi frutti.»

Accostò accanto al container che ospitava l'ufficio vendite e parcheggiò. «Qui dentro, potrete vedere una mappa aggiornata dell'area e dei lotti disponibili. Se non fossimo vincolate al cottage, sarebbe il luogo perfetto per una seconda casa, o anche per venire a viverci.»

Taylor ridacchiò. «Parli proprio come un'agente immobiliare, Dani.»

Dani scoppiò a ridere. «Non riesco a farne a meno. È così eccitante far parte di questo progetto.»

Dopo aver preso visione di alcune brochure e dei lotti disponibili sulla mappa, Taylor seguì le sorelle alla prima villa, che era già venduta, ma che veniva usata come modello espositivo.

Taylor fece pochi passi nell'edificio in stile contemporaneo e rimase a bocca aperta. «Wow!»

Si guardò attorno. L'ampia area living dava l'impressione di trovarsi all'aria aperta, grazie alle enormi vetrate che davano sul bosco di latifoglie e sulla pineta. Nella sua bellezza spontanea, con tutte quelle sfumature di verde e la variegata vegetazione, il bosco non era meno spettacolare di un curato giardino all'italiana.

Taylor ammirò ogni dotazione, ogni finitura della casa. «È meravigliosa.»

«È la stessa *vibe* che stiamo cercando per gli interni del cottage. La struttura rimarrà quella che è, grossomodo, a parte forse l'aggiunta di una veranda aperta o chiusa, ma dopo aver abbattuto le pareti divisorie avremo un sacco di spazio da modulare a nostro piacimento.»

«Sarà bellissimo» disse Taylor, vergognandosi di ammettere che non aveva voluto mettere piede nel cottage. E dopo la scoperta della scatola in garage era ancora più restia a farlo. Aveva sempre avuto una vivida immaginazione. Pure troppa, come dicevano le sue sorelle.

«Quindi, qual è esattamente il tuo ruolo in questo progetto?» domandò Whitney. «Immagino che i progetti fossero già pronti.»

Dani le rivolse uno sguardo orgoglioso. «Mi hanno chiesto aiuto per personalizzarli. Ho già sottolineato che c'era bisogno di più armadi. Con gli impianti sciistici e il lago a due passi, è necessario avere spazio dove riporre tutte le varie attrezzature, per adeguarsi allo stile di vita degli acquirenti.»

«Sono così contenta che non lavori più per quello studio di Boston» dichiarò Whitney.

«Be', sto ancora lavorando alla costruzione degli appartamenti di Anthony Albono a Providence, nel Rhode Island» le ricordò Dani. «Ma sì, qui a Lilac Lake mi sento decisamente più apprezzata. Niente più giochetti da "club per soli uomini" da queste parti.»

«Fammi vedere il piano di sopra» chiese Whitney.

Uscirono, mentre Taylor rimase per un attimo in cucina ad ammirare il paesaggio dietro la casa. Scorse un piccolo lampo rosso e sorrise. Adorava i cardinali, erano uccellini così belli, dal richiamo così caratteristico.

In quel momento, arrivò Aaron Collister. «Ciao, Taylor. Mi fa piacere vederti qui. Come ti sembra?»

Si voltò verso di lui e gli sorrise. «È una casa magnifica.

Tutto quanto il complesso sembra destinato ad avere un enorme successo. La posizione è straordinaria. Il lago, i boschi e la vista sulle White Mountains sullo sfondo... è una meraviglia.»

Aaron sorrise compiaciuto, gli occhi scuri che si illuminavano. «Lo penso anch'io.» Con la sua pelle abbronzata, i capelli scuri e lisci e gli occhi di un marrone così carico da sembrare neri, Aaron era quanto di più lontano dal fratellastro Brad, biondo e dagli occhi verdi. Ma entrambi erano uomini gentili, gran lavoratori, che avevano tentato la fortuna con quel progetto ambizioso, e stavano ottenendo buoni risultati.

Taylor gli indicò una coppia di cardinali e lui sorrise. «In quest'area vivono un sacco di uccelli.» Nel suo sangue scorreva quello nativo americano della madre che, sebbene fosse morta quando lui era ancora piccolo, era riuscita a trasmettergli l'amore per la natura. Taylor apprezzava particolarmente quell'aspetto di lui, e anche i suoi modi tranquilli. In quel momento, ammirando gli uccelli e godendosi i raggi del sole al suo fianco, si sentì in pace.

Quando si voltò per andarsene, notò che lui la stava fissando e sorrise. «A dopo. Mi sto perdendo la visita guidata del piano di sopra. Ma finora mi è piaciuto tutto.»

Lui le fece un cenno di saluto e si allontanò verso il garage, mentre lei si affrettava sulle scale per raggiungere le sorelle.

Più tardi, dopo aver fatto il giro anche della seconda casa quasi ultimata e dopo aver visitato i lotti prescelti da Ross e Melissa, presero la via di casa.

Nei giorni successivi, Taylor si limitò a rispondere alle e-mail e controllare i social media, cercando di tenere fede alla promessa fatta a Dorothy di distaccarsi dal processo creativo per un po'. Meglio così. Le rare volte in cui aveva provato a prendere appunti per una nuova storia, il ricordo delle parole devastanti di Thompson C. Walker l'aveva bloccata.

Quando finalmente Crystal le comunicò che erano arrivati i dischi di polistirolo, fu entusiasta all'idea di mettersi a lavorare sul carro. Almeno sarebbe uscita di casa.

Si recò al capannone in cui era stato alloggiato il carro, presso i Legnami Beckman e, mentre parcheggiava l'auto, vide da lontano Bethany, la moglie di Garth, uno dei proprietari. La salutò con la mano. Bethany gestiva il negozio di articoli da regalo nella sede della ditta.

All'interno del capannone, trovò Crystal che parlava con un giovane in jeans e maglietta verde scuro con la scritta "Legnami Beckman".

Crystal le fece segno di avvicinarsi. «Vieni a conoscere Brooks Beckman. E prima che tu lo chieda, sì, la madre è una fan sfegatata di Garth Brooks.»

Taylor rise, mentre studiava il volto sorridente del giovane dai capelli rosso scuro. Occhi verdi e barba color rame completavano l'insieme.

«È dura sfuggire alle battute» disse Brooks. «Grazie al cielo, voglio molto bene a mia madre.»

La sua aria cortese e alla mano la conquistò.

«Brooks si occuperà di assemblare i dischi di polistirolo e dare la forma finale alla torta. Ma vorrei che tu, Taylor, tirassi fuori i fiori di carta e le altre decorazioni dagli scatoloni e li preparassi per essere utilizzati. Daremo a ogni ragazza della scuola di danza un sacchetto con i fiori divisi per colori, perciò i fiori dovranno essere distribuiti in modo equo in dodici sacchetti diversi. È un lavoro noioso, ma ci sarebbe davvero molto utile» spiegò Crystal.

«Non c'è problema. È meglio che lo faccia io, piuttosto che Whitney, che di sicuro vorrà portarsi dietro Mindy.»

«Oh sì, ci avevo pensato anch'io.» Crystal ridacchiò. «Ora

devo tornare alla caffetteria. Noi ci vediamo più tardi. Se non avete altri impegni, mi piacerebbe offrirvi da bere da *Jake* stasera.»

«Volentieri» disse Brooks, lanciando un'occhiata a Taylor.

Lei approvò l'idea con un pollice alzato. Sarebbe stato carino uscire a divertirsi un po'. Dani era spesso fuori con Brad e lei e Whitney restavano molto in casa. Sua sorella ci teneva a mantenere un basso profilo, dato che le voci sulla cancellazione della serie televisiva e sulla vita sregolata del suo ex-coprotagonista, Zane Blanchard, continuavano a circolare sui notiziari di intrattenimento.

Taylor si bloccò davanti a una pila di scatoloni e rimase a fissarli, sopraffatta.

«Ti servirà un taglierino» disse Brooks, porgendogliene uno.

Quando le loro dita si toccarono, Taylor avvertì una specie di scossa e fece un passo indietro. Brooks le sorrise e lei si sentì avvampare. Gli voltò le spalle e finse di concentrarsi sugli scatoloni, in attesa che le sue pulsazioni tornassero regolari. *È questo che intendeva dire Thompson C. Walker? Una calda scossa di eccitazione? È questo che vuole trovare nei miei libri?*

Si mise al lavoro sulle scatole di fiori di carta. Per fortuna, i colori erano sette, il che rendeva le cose più semplici: rosso, giallo, arancione, verde prato, viola, azzurro e verde acido. Taylor si divertì a distribuire i vari colori nei sacchetti già contrassegnati, come se fosse un gioco. Non le sfuggì però che alla fine restavano ancora moltissimi fiori per lei e Whitney.

Mentre erano al lavoro, Brooks le chiese se le dispiaceva che mettesse un po' di musica. Non fu per niente sorpresa di sentire note country che rieccheggiavano per il capannone, ma quando fu la volta di un pezzo di Garth Brooks non riuscì a trattenere una risata.

Brooks la sentì, sollevò lo sguardo da quello che stava facendo e rise con lei. «È un vero peccato che tu non abbia senso dell'umorismo» la punzecchiò.

«E che tu sia sprovvisto di autoironia» ribatté lei. «Come va con il tuo progetto?»

«Non è facile mettere insieme i pezzi con il nastro adesivo, perché non puoi esagerare, la superficie deve restare liscia, ma allo stesso tempo deve tenere. Per fortuna, i pezzi sono precisi, per cui non è un'impresa impossibile. Mio fratello dice che ti fermerai qui per tutta l'estate, e forse anche oltre.»

«Sì, facendo la scrittrice posso lavorare ovunque. Ho pensato che cambiare aria, rispetto a New York, mi avrebbe fatto bene, ma sto facendo un po' fatica.»

«Non riesco a immaginare di scrivere un intero libro, però scrivo canzoni, cioè testi» disse Brooks.

«Interessante! A me piacerebbe saper cantare, ma quando ci provo sembro un gatto in amore.»

Brooks scoppiò a ridere, scuotendo la testa. «Quasi tutti possono imparare, ma ci vuole allenamento.»

«Tu suoni in giro?»

«Faccio parte di una band, e facciamo serate a Portsmouth, Concord, Manchester e a Durham, all'Università del New Hampshire, e in altri posti nei dintorni. Ma più che altro suono per me stesso. Mi capita di esibirmi da *Smokin'Joe's Fish Shack*. In estate organizzano serate con artisti locali, il sabato.»

«Sembra forte. Fammelo sapere, la prossima volta. Mi piacerebbe venire a sentirti.» Non era difficile immaginarlo che intratteneva il pubblico con la sua voce suadente e la sua chitarra.

«Grazie. Allora, che genere di libri scrivi?» chiese lui.

«Storie a lieto fine» rispose lei, ben attenta a non pronunciare la parola romance.

Lui sollevò lo sguardo e la studiò per qualche istante, ma non commentò. Si limitò ad annuire.

Taylor ne fu sollevata. «Penso che farò meglio a tornare ai miei fiori, ora.»

Era immersa nel lavoro quando apparve Whitney, con Mindy al guinzaglio. «Ciao. Crystal mi ha detto che avevate cominciato.» Poi si rivolse a Brooks. «Scusa, non so come ti chiami. Io sono...ehm... la sorella di Taylor.»

Quando sollevò lo sguardo su di lei, le guance di Brooks cambiarono colore. «So chi sei. Io sono Brooks Beckman, il fratello minore di Garth.»

«Piacere di conoscerti» rispose lei. «Sembra che lavoreremo insieme al carro.»

«Sembra di sì» ripeté lui, rivolgendole un breve cenno con la testa prima di rimettersi al lavoro.

Whitney si avvicinò a Taylor. «Che fico» le sussurrò all'orecchio. «Magari può finire anche lui nel tuo libro.»

Taylor rivolse uno sguardo pensieroso a Brooks. Non era certa che con lui avrebbe potuto "mettere l'anima a nudo" in una relazione, in futuro. E che diavolo voleva dire, in ogni caso?

CAPITOLO 3
DANI

Dani faticava a credere a come la sua vita fosse cambiata in fretta. Un paio di mesi prima, viveva e lavorava a Boston, intrappolata in una routine piena di frustrazioni, vedendosi tagliar fuori da tutti i progetti più interessanti dai suoi colleghi dello studio di architettura. Al momento invece stava impiegando le sue competenze al servizio di un vecchio cliente del passato e anche dei proprietari della Collister Construction. I fratelli, titolari dell'impresa, si stavano occupando non soltanto del rinnovamento della Lilac Lake Inn, che sua nonna aveva da poco venduto a tre nuovi proprietari, ma stavano anche edificando il nuovo complesso edilizio sull'altra sponda del lago, e avevano chiesto il suo aiuto. Senza contare che GG aveva stretto un accordo con loro perché assistessero Dani nella ristrutturazione del cottage che aveva regalato a lei e alle sorelle.

Ma la novità più meravigliosa era che lei e Brad Collister si erano innamorati a prima vista e si erano fidanzati. Per Brad era una seconda occasione, dopo il lutto per la tragica morte della moglie, due anni prima. Per Dani era la realizzazione di un sogno che fino a poco tempo prima nemmeno sapeva di avere. Erano perfetti insieme.

Dani accostò nel vialetto del cottage e aprì la portiera posteriore per far scendere il suo cane, Pirata. Come faceva spesso, si fermò di fronte all'ingresso per ammirare il panorama mozzafiato. Il cielo azzurro, solcato da vaporose nuvole bianche, si specchiava nel lago. Il grosso masso piatto di granito che emergeva dall'acqua in prossimità della riva era allettante come sempre; il posto ideale per sedersi o stendersi a prendere il sole. Una brezza leggera increspava la superficie dell'acqua, onde appena accennate danzavano catturando i riflessi della luce.

Pirata abbaiò di gioia prima di lanciarsi nel bosco che circondava la struttura. Dani sorrise e non lo fermò. Aveva bisogno di correre, e sapeva che sarebbe tornato subito al suo richiamo.

Dani salì sul portico, esitò per un istante e poi prese un bel respiro prima di entrare in casa. Anche se non c'era nessun altro lì, ebbe la sensazione di invadere un luogo non suo. Si rimproverò per aver pensato di nuovo al fantasma, ma, dopo aver visto i vestitini da neonato e l'abito da sposa, sapeva che ci poteva essere una verità dietro a tutte le voci. Di sicuro quella scatola nascondeva una storia.

All'interno, il piano terra stava cominciando a prendere forma. L'abbattimento dei muri, dove possibile, aveva permesso di creare un ampio spazio aperto che combinava la cucina a vista e l'area living, con abbastanza nicchie e rientranze da renderlo interessante, oltre che pratico.

Anche se, con tutta probabilità, lei e le sue sorelle non avrebbero vissuto lì allo stesso tempo, volevano che fosse in grado di ospitarle tutte, se necessario. Per ottemperare all'accordo che GG aveva stretto con i nuovi proprietari della locanda, il cottage doveva essere abitato almeno per sei mesi l'anno.

Dani controllò il nuovo impianto elettrico per assicurarsi che fosse stato installato secondo i progetti. L'impianto idraulico era già stato posato, verificato e approvato. Di recente, aveva scoperto che GG aveva accantonato sul fondo dedicato al progetto denaro a sufficienza per realizzare la maggior parte delle sue idee. Una veranda con zanzariere – o magari un giardino d'inverno, se possibile – era sulla lista dei desideri e sarebbe stata aggiunta alla casa nel caso in cui lei e le sue sorelle avessero deciso di investire anche di tasca loro nell'opera. I costi per trasformare il solaio in una confortevole area conversazione e relax invece erano già coperti, ma i lavori sarebbero partiti solo una volta ultimato il resto. Né lei né le sorelle desideravano trascorrere molto tempo in soffitta, non prima di essere sicure che non ci fosse più traccia di strane presenze.

Mentre era al lavoro, Brad passò a trovarla. «Ehi, dolcezza, che fai di bello? Tutto bene con l'impianto idraulico?»

«Sì.» Si voltò a guardarlo e il suo sorriso sexy le fece battere il cuore più forte. «Be', ciao.»

Lui la prese tra le braccia e la baciò, il genere di bacio che le confermava che era l'uomo giusto per lei. Chiuse gli occhi e si lasciò catturare dal suo odore, dal suo sapore. Quando li riaprì, vide delle piccole scintille luminose che danzavano attorno a loro per poi scomparire. Non erano una novità. Dani le accettava come parte della magia dei suoi baci.

Si separarono sorridendosi. «Sentirò la tua mancanza, domani, quando te ne andrai a Boston» disse lui.

«Starò via solo un paio di giorni.» Dani era divisa tra la consapevolezza che le sarebbe mancato e il desiderio di condividere con il suo cliente speciale gli ultimi progressi che aveva fatto nei disegni. Il suo ex capo, Herb Watkins, pensava di poterla convincere a tornare a lavorare per lo studio, ma era fuori strada. Dopo aver sperimentato la libertà di lavorare con Brad e Aaron, non aveva il minimo desiderio di ritrovarsi di nuovo intrappolata in un ruolo che era arrivata a odiare. Non per niente il motto del New Hampshire era: "Vivi libero o muori."

Brad la aiutò a controllare l'impianto elettrico e annuì. «Sembra ben fatto. Contatterò l'ispettore edile e fisserò un appuntamento, così poi potremo procedere con i pannelli isolanti.»

«Sarebbe ottimo. Per questo non serve che io sia qui. Quando torno, dovremmo essere in grado di procedere con il cartongesso.»

«Vedremo di riuscirci. Gli istallatori sono occupati al nuovo complesso, ma vedremo di liberarli quando serve.»

«Tu e Aaron siete fantastici, non so cosa farei senza di voi.» Dani l'amava anche per questo.

«È giusto e lo facciamo con piacere. Se tua nonna non ci avesse aiutato a ottenere l'appalto per Woodlands a quest'ora forse l'attività non avrebbe ancora ingranato.»

«Allora è vantaggioso per tutti» concluse Dani.

Brad le strizzò l'occhio. «Quando si tratta di te è sempre così.»

Dani ridacchiò felice e lo seguì all'esterno.

CAPITOLO 4
WHITNEY

Per quanto noioso, il compito di attaccare fiori di carta alla torta di polistirolo per il carro era piacevole. Permetteva ai pensieri di Whitney di farsi trasportare dalla corrente, allontanandosi dal mondo che aveva lasciato. Vivere nel New Hampshire era benefico per lei, dopo essersi ritrovata invischiata in quella brutta situazione con il suo co-protagonista, Zane Blanchard. Continuare a fingere di stare insieme anche dopo che il loro amore era finito, solo per il bene della serie, era stata un'idea stupida. L'aveva visto trasformarsi da attore di talento a schiavo della droga. E quando l'aveva scoperto a letto con due ragazze, in un triangolo esaltato dalle sostanze, le era stato impossibile continuare a far finta anche solo che le piacesse.

Lui si era profuso in scuse per aver rovinato la loro relazione, ma all'interno del fiume di parole lei non aveva trovato alcun segno di rimorso per quel che aveva fatto, né la promessa di provare a disintossicarsi.

Stava lavorando da sola nel capannone dei Legnami Beckman, quando sopraggiunse Nick Woodruff, il capo della polizia.

«Come va?» le chiese.

«Stiamo facendo progressi.»

«La parata del 4 luglio è un evento importante, da queste parti. È bello che tu e le tue sorelle ne facciate parte, quest'anno. Mi ricordo quando venivate a Lilac Lake per assistervi.» Il sorriso disegnò una ragnatela di piccole rughe attorno agli occhi, di un azzurro brillante. L'accenno di grigio sulle tempie gli dava un'aria più saggia e autorevole.

«Era tanto tempo fa, ma mi ricordo quanto l'adoravamo, da bambine» confermò Whitney. Nick aveva un paio d'anni più di lei ed era il poliziotto più sexy che avesse mai visto. Dopo aver vissuto nella falsità di Hollywood, apprezzava sempre di più la sua aria alla mano.

«Ho pensato che magari ti andrebbe di venire a mangiare un boccone fuori, stasera. Ho appuntamento con degli amici da *Stan*, un bar ristorante fuori città, famoso per i frutti di mare e le birre artigianali, niente di formale. Se ti va, passo a prenderti.»

Whitney gli sorrise. «Grazie. Sembra divertente. È un po' che non esco di casa, credo sia ora di mettere il naso fuori dalla porta.»

Nick si sfiorò il cappello in segno di saluto e se ne andò.

Whitney ne approfittò per ammirare il suo corpo scolpito e lasciò uscire un sospiro. Era un bravo ragazzo, peccato non fosse interessata a uscire sul serio con nessuno.

CAPITOLO 5
TAYLOR

Taylor era seduta da Jake insieme a Crystal, Brooks Beckman, suo fratello Garth e la moglie, Bethany. La cena che Crystal aveva organizzato per ringraziarli per il loro aiuto con il carro era stata rimandata di qualche giorno, e alla fine era stata fissata per quella sera.

Jake si trovava in posizione ideale, proprio al centro della cittadina, su Main Street, ed era uno dei locali preferiti sia dalla gente del posto che dai turisti. Come molti bar di quel tipo, era dotato di diversi schermi posizionati in modo strategico per seguire gli eventi sportivi. Ma, quando l'audio dei televisori era spento, all'ora di cena, il locale aveva un'atmosfera intima.

Taylor era seduta a uno degli ampi tavoli con panche dallo schienale alto, accanto a Crystal e di fronte a Bethany, Garth e Brooks. Dal suo arrivo a Lilac Lake aveva conosciuto parecchie persone simpatiche. Era come se il ritmo più lento e la benevolenza della natura rendessero le persone più aperte, più disponibili verso gli altri persino.

Aveva appena finito il suo sandwich al pollo quando notò un giovane uomo che entrava nel bar e si guardava in giro. Era alto, con capelli castano scuro, e portava occhiali con una montatura spessa.

Crystal le diede un colpetto con il gomito. «Chi è quel tipo? Piuttosto sexy. Non l'ho mai visto in città.»

In quel momento, lui si voltò verso di loro e si avvicinò a passo sicuro.

«Eccoti, Taylor. Mi hanno detto che avrei potuto trovarti qui.»

Taylor aggrottò la fronte. Lui la conosceva, ma lei non aveva idea di chi fosse. «Chi sei, scusa? Cosa vuoi da me?»

Lui sorrise, mostrando denti bianchissimi. «Sono Cooper Walker.»

L'espressione di Taylor si fece ancora più perplessa. «Il tuo nome dovrebbe dirmi qualcosa?»

Lui abbassò lo sguardo sui propri piedi. «Ah sì, tu mi conosci come Thompson C. Walker.»

Taylor sentì che il sangue le defluiva dal volto, così in fretta che dovette aggrapparsi al bordo del tavolo. Si alzò in piedi, tremante e lo guardò dritto in faccia. «Brutto bastardo! Cosa ci fai qui?»

Sapeva che il proprio comportamento era un po' fuori dalle righe, ma le parole di quell'uomo l'avevano gettata in una spirale dalla quale ancora non riusciva a venire fuori. Quanti altri autori aveva fatto a pezzi con i suoi commenti?

Brooks si alzò a sua volta. «Che succede? Va tutto bene, Taylor?»

«No, non direi. Non voglio stare nello stesso posto con lui, e di certo non voglio parlarci.» Non avrebbe permesso alle lacrime che le annebbiavano la vista di tracimare.

«Senti, Cooper o come cavolo ti chiami, è meglio che te ne vai, ora» disse Brooks.

Cooper scosse la testa. «Non posso. Sono qui per lavoro.»

«Di che lavoro stai parlando?» lo squadrò Taylor.

«La titolare della casa editrice mi ha mandato qui per cercare di rimettere a posto le cose con te» spiegò Cooper. «Dobbiamo parlare.»

«Non ho intenzione di passare nemmeno un minuto con te.» Taylor non era mai stata così arrabbiata. «Lasciami in pace.»

Johnny, uno dei baristi, si avvicinò e rivolse a Taylor uno sguardo interrogativo.. «Ci sono problemi qui?»

«Non voglio che quest'uomo mi si avvicini» disse Taylor.

Johnny si rivolse a Cooper. «L'hai sentita. È meglio che te ne vada.»

Cooper fissò Taylor. «Me ne vado, per ora. Ma non posso tornare al mio lavoro finché io e te non ci saremo chiariti.»

Taylor si strinse nelle spalle. «Non mi importa del tuo lavoro.»

«Fuori» ripeté Johnny, indicandogli la porta.

Cooper lasciò il locale con andatura rigida. Era evidente che fosse furioso.

Appena fu uscito, Taylor si lasciò cadere sulla panca. Le gambe le tremavano tanto da non riuscire più a stare in piedi.

Brooks e gli altri la guardavano preoccupati.

«Stai bene, tesoro?» le chiese Crystal.

«Starò bene. Devo solo calmarmi. Quell'uomo è la persona più irritante che conosca. Anzi, a dir la verità nemmeno lo conosco. È il mio editor ed è un vero stronzo.»

«Va bene, allora prendiamo un bel respiro» intervenne Bethany, accarezzandosi la pancia che si notava sempre di più sotto i vestiti. «Non preoccuparti, lo terremo d'occhio anche noi. Ma la mia impressione è che prima o poi tu debba parlarci.»

«Non se posso evitarlo» dichiarò Taylor. Era timida, d'accordo, persino ingenua a volte, ma non sarebbe stata la marionetta di nessuno.

Quando si separarono, dopo cena, Brooks le si avvicinò. «Vuoi un passaggio a casa? So che sei vicina, però mi sentirei meglio ad accompagnarti.»

«Grazie, lo apprezzo.» Era davvero grata per il suo sostegno.

Trovò Whitney che guardava la TV con Mindy e Pirata accoccolati addosso, sul divano.

«Com'è andata la cena di ringraziamento?» le chiese.

«Molto bene, prima che si presentasse Thompson "Cooper" Walker.» Taylor strinse i denti.

«E chi sarebbe?» Whitney aggrottò le sopracciglia.

«Sarebbe, sorellina cara, l'editor che ha fatto a pezzi il mio libro. Il suo capo l'ha spedito qui a parlare con me.»

«Stai scherzando.» Whitney saltò a sedere, svegliando i cani. «Devi essere un'autrice molto importante per loro, Taylor, se si prendono il disturbo di mandarti uno fin qui.»

«Forse hai ragione.» Il commento di Whitney l'aveva un po' calmata. «Credo che la mia agente, Dorothy Minton, abbia parlato di quella e-mail all'editrice. In ogni caso, lui dice che non può ripartire finché io e lui non sistemiamo le cose. Ma non ho nessuna intenzione di vederlo. Non penso di potergli perdonare le sue parole.»

«Prima o poi dovrai pure parlarci, ma capisco che la situazione è delicata. Magari puoi tenerlo un po' sulla corda» propose Whitney. «Forse ha bisogno di una lezione.»

«Un'idea eccellente.» Taylor annuì soddisfatta. «Cosa stai guardando?»

«Un film d'amore. Una cosa confortante» rispose Whitney. «È carino.»

Taylor si sedette accanto a lei e in breve tempo si fece assorbire dalla trama del film, appuntandosi mentalmente delle cose che avrebbe potuto usare in futuri libri.

La mattina seguente, Taylor fu svegliata dal suono del telefono. Controllò chi la cercava e quando vide *Cooper Walker* sul display si girò dall'altra parte, ignorandolo.

Rimase sdraiata a letto, ma aveva la mente così affollata di pensieri che le fu impossibile riaddormentarsi.

Il suo cellulare squillò di nuovo. Controllò chi era. *Dorothy Minton.*

«Ciao, Dorothy, come stai?» Sapeva di essere molto fortunata ad avere Dorothy al proprio fianco, nel duro mondo dell'editoria.

«Bene, grazie. Ti chiamo perché ho appena fatto una lunga chiacchierata con Grace Pritchard delle Edizioni Pritchard. Io e lei siamo amiche da tanti anni. Abbiamo deciso che questa faccenda tra te e Cooper Walker dev'essere sistemata. Le ho detto che mi sarei assicurata che tu smettessi di fare i capricci. Grace si occuperà di lui, invece. Tra l'altro, dopo averne discusso un po', abbiamo concordato che è il caso che lui resti a Lilac Lake finché entrambi non siete sicuri di poter lavorare insieme. Mi sono spiegata?»

Taylor rimase a bocca aperta. Dorothy era nota nell'ambiente per le sue "strigliate", ma era la prima volta che lei ne riceveva una. Senza darle il tempo di ribattere, Dorothy riprese, in tono più gentile.

«Sei una giovane donna molto fortunata ad avere attirato l'attenzione di una persona come Grace Pritchard. Nell'ambiente, è nota per la sua prodigiosa abilità nello scovare talenti e nel promuoverli. Questo libro e il prossimo che scriverai ti garantiranno un solido futuro nel mondo letterario.»

«Ma...»

«Niente "ma", Taylor. Sarei come minimo negligente se non mi assicurassi che tu tragga vantaggio da questa opportunità. Il mio mestiere consiste nell'aiutarti a crescere come autrice. Fidati di me. È così.»

Taylor si appoggiò alla testata del letto e sbuffò, costernata. Aveva sempre dato retta ai consigli di Dorothy. E quello non era un consiglio: era un ordine. Ripensò a Cooper e si chiese come l'avrebbe presa lui.

«Che mi dici, Taylor? Cooper Walker è un editor di talento, che può aiutarti a dare profondità e nuovi livelli al tuo lavoro.

Non te lo direi se non ne fossi convinta.»

«Va bene, ma non voglio tradire la mia voce e stravolgere il libro. Sono io l'autrice, non lui.»

«È giusto. Sia io che Grace riteniamo che sia un accordo proficuo. Scusami ora, ma devo andare. Ho un'altra chiamata in coda. Sei un'adorabile giovane donna, Taylor, e sono sempre orgogliosa di rappresentarti. Adesso però fa' come ti dico.»

«Grazie» mormorò Taylor, mentre Dorothy chiudeva la chiamata.

Borbottando tra sé, saltò giù dal letto e decise di fare due passi in città e prendersi un decaffeinato da *Beans*, in centro.

Da che si era trasferita a Lilac Lake, aveva scoperto che camminare era un metodo rilassante per farsi venire nuove idee per i libri. Anche se aveva deciso di prendersi una pausa, più o meno, non riusciva a smettere di pensare alla scrittura.

Mentre passeggiava verso il centro, si disse che l'aria frizzante di un mattino nel New Hampshire era un modo piacevole di cominciare la giornata. Main Street era vivace come sempre, con le vetrine colorate che offrivano la possibilità di comprare qualsiasi cosa. Non c'era bisogno di correre, come faceva a New York. Qui la gente se la prendeva comoda, passeggiando o facendo jogging.

Si fermò di fronte allo Spazio Espositivo Condiviso per Artisti e sbirciò dalla vetrina i manufatti artistici e artigianali che vi erano esposti. Dani aveva parlato di tornare a dipingere acquerelli, quando avrebbe avuto più tempo, magari nei lunghi mesi invernali. Quello poteva essere il posto perfetto per esporli.

La vetrina accanto era quella del negozio di giocattoli, pieno di ogni genere di tesori per bambine e bambini. A Lilac Lake, dove tutti trascorrevano molto tempo all'aria aperta, gli aquiloni andavano alla grande.

Proseguì, una vetrina dopo l'altra, fino ad arrivare davanti a *Pages,* la libreria che apparteneva a un'anziana signora che, *nomen omen*, si chiamava Estelle Bookbinder. La vetrina era piena di libri che l'attiravano. Taylor riconobbe le firme di diverse amiche virtuali. Ripensando alla propria situazione sentì una nuova ondata di rabbia. Cooper Walker era evidentemente molto sicuro di sé, ma quello non significava che sapesse di che parlava.

Si sedette sui gradini di fronte alla libreria, semi nascosta dalle tende parasole e prese un profondo respiro per calmarsi. Era abituata alle recensioni sui suoi libri, sia buone che cattive. Tutti i lettori avevano il diritto di esprimere la loro opinione, lo sapeva. Ma che qualcuno, nel mondo dell'editoria, trattasse gli autori come Cooper aveva trattato lei non era solo devastante, era brutale. Sapeva di essere particolarmente sensibile quando le toccavano i suoi bambini di carta, ma quale autore non lo era?

Stava per alzarsi quando qualcuno si bloccò davanti a lei, ostruendole il passaggio.

«Eccoti qui» disse una voce familiare che la fece scattare in piedi.

«Tu! Cosa vuoi?» Taylor si bloccò di fronte a Cooper con le mani strette a pugno. Non riuscì a evitarlo. Solo vederlo, lì con quell'aria da padrone del mondo, la faceva infuriare.

«Ti ho già detto cosa voglio» le disse con calma. «Ho bisogno di parlare con te. Sembra che io abbia toccato un tuo nervo scoperto, ma non era mia intenzione. Sono stato solo onesto. Il mio lavoro è proprio quello di migliorare i libri.»

«Facendoli a pezzi? È così che ti presenti di solito ai nuovi autori? Smontando i loro manoscritti e distruggendoli?» Taylor continuava a ripetersi che doveva stare calma, ma il modo in cui lui l'aveva attaccata le faceva ancora male.

Cooper si guardò la punta delle scarpe. «Mi dispiace se

sono stato troppo duro. Mi sforzo di fare un lavoro eccellente, sia per gli autori che per la casa editrice. Il manoscritto non era così male, era solo poco realistico nel descrivere il vero amore.»

«E tu saresti un esperto in virtù di...?»

«È personale.» La punta delle sue orecchie era virata sul rosso.

«Cioè, tu giudicheresti la mia scrittura sulla base della tua esperienza privata?» Abbassò lo sguardo verso l'anulare della sua mano sinistra e lo trovò vuoto. «Dov'è il tuo anello?»

«Cosa intendi?» si accigliò lui.

«Se sai tutto dell'amore più profondo, come mai non sei sposato?»

Cooper la fulminò con lo sguardo. «Perché ho scelto di non farlo. Ecco perché. E non sono affari tuoi.»

«Parlare con te è inutile» Taylor incrociò le braccia davanti al petto. «È evidente che io e te non riusciremo mai a lavorare insieme. Ti sei espresso in modo sgarbato e giudicante e a questo non si può rimediare.»

Lui fece un passo in avanti. «Oh, sì che si può. Dammi una possibilità. Il mio mestiere è proprio quello di *rimediare*. Oppure perderò il lavoro della mia vita.»

Sorpresa dall'angoscia nella sua voce, rimase senza parole a fissarlo.

«Mi darai questa possibilità, Taylor? Ho davvero bisogno che funzioni.» Così dicendo, sollevò gli occhiali scuri sulla testa per guardarla. Colpiti dalla luce, i suoi occhi nocciola sembravano quasi verdi.

Taylor ripensò alla telefonata mattutina con Dorothy e sospirò. Non aveva scelta. Doveva fare in modo che quel rapporto lavorativo funzionasse. Prese un profondo respiro e annuì. «Okay. Cominceremo a conoscerci, come vuole la mia agente. A una condizione. Se non possiamo parlare della tua vita amorosa, non parleremo nemmeno della mia. Chiaro?»

Lui fece un mezzo sorriso e annuì. «Siamo d'accordo. Ora, che ne dici se ti offro la colazione? Mi hanno detto che il Lilac Lake Café è il posto giusto.»

«Va bene.» Di colpo aveva fame. Odiava discutere con la gente. E oltretutto, quando ricevevi un ordine da Dorothy Minton non potevi che obbedire. Aver attirato l'attenzione di un'editrice come Grace Pritchard era un sogno che si avverava, anche se voleva dire dover avere a che fare con Cooper.

CAPITOLO 6
DANI

Mentre guidava verso Lilac Lake, il cuore di Dani era colmo di gioia. La sua permanenza a Boston era andata alla grande: un cliente entusiasta del suo lavoro, il suo ex capo che la rivoleva indietro e la possibilità di rivedere le sue amiche. Ma non era niente, paragonato al senso di eccitazione che la pervadeva all'idea di rivedere Brad. La loro relazione non ci aveva messo molto a diventare amore, profondo e reale.

Aveva deciso di non vendere ancora il suo appartamento a Boston. Le piaceva l'idea di poter andare in città di tanto in tanto, e avere uno spazio familiare e confortevole dove soggiornare era importante. Non le era mai capitato prima di trascorrere un intero inverno a Lilac Lake e forse avrebbe sentito il bisogno di allontanarsene, ogni tanto.

Invece di entrare nel vialetto della casa in affitto che condivideva con le sue sorelle, andò dritto a parcheggiare dietro il pickup di Brad, che viveva nella casa accanto. Lui le aveva promesso di aspettarla lì.

Non appena scese dall'auto, Brad uscì e lei si fiondò tra le sue braccia. Con una risata di pura gioia, lo strinse forte e sollevò il viso per baciarlo.

Le labbra di Brad, calde e meravigliose, si unirono alle sue.

Aveva appena cominciato a rispondere al bacio quando il suono di un clacson la bloccò e la fece voltare.

Un'auto grigia si fermò davanti alla casa e una figura alta e bionda ne scese, sorrise e li salutò con la mano. «Volevo solo che voi due sapeste che sono tornata in città per restare. Pensavo che potremmo cenare insieme.»

Il corpo di Brad si irrigidì al punto che a Dani parve di abbracciare un muro di mattoni. «Scusa, JoEllen, ma abbiamo altri impegni.»

Lei fece il broncio. «Va bene, sarà per un'altra volta. Volevo solo festeggiare il mio ritorno. Sono sicura che ci vedremo spesso. Bye bye!»

Dani si voltò verso Brad. «Speravo che scherzasse quando ha detto che sarebbe tornata.» JoEllen era la sorella della moglie defunta di Brad. Si era fatta l'idea che lui avrebbe dovuto sposarla per rispettare la volontà della sorella. Brad le aveva detto chiaro e tondo di non averne alcuna intenzione, ma a quel punto JoEllen aveva deciso che le piaceva Lilac Lake e si sarebbe trasferita lì. Aveva detto che in quel modo avrebbe potuto tenerlo d'occhio, cosa che di sicuro non faceva piacere né a lui né a Dani.

«Com'è possibile che quella donna sia così ottusa?» Brad si passò le dita tra i capelli chiari.

«Ha quest'idea distorta sul fare quello che sua sorella avrebbe voluto.» Dani era altrettanto frustrata. «Limitiamoci a ignorarla.» Poi gettò le braccia al collo di Brad e gli rivolse un sorriso malizioso. «Dov'eravamo rimasti?»

Anche lui le sorrise e si chinò a cercare le sue labbra.

CAPITOLO 7
TAYLOR

Quando Taylor entrò al Lilac Lake Café insieme a Cooper, Crystal, dietro il bancone, strabuzzò gli occhi.

Taylor si strinse nelle spalle e continuò a camminare verso un tavolo libero. Era sorpresa quanto lei di aver accettato una tregua dall'uomo che le aveva fatto perdere fiducia nelle sue capacità di scrittrice. Ma era il momento di riacquistarla.

«Hai qualche consiglio?» chiese Cooper, dopo essersi seduto.

Lei gli allungò uno dei menù al centro del tavolo. «Stai per goderti qualcosa di speciale. Tutto qui è delizioso.»

Lui scorse il menù. «Cosa prendi tu?»

«Un semplice uovo alla coque su pane a lievitazione naturale. A volte mi vizio con le uova alla Benedict. Anche quelle sono fenomenali.»

Cooper sorrise e mise da parte il menù. «Mi sa che prenderò quelle. Sembrano super.»

La cameriera, intanto, servì loro il caffè.

Crystal si avvicinò. «Buongiorno a tutti e due. Che sorpresa vedervi qui insieme.» Il suo sorrisetto sornione andò a segno.

Taylor avvampò. «Io e Cooper stiamo cercando di sistemare le cose, così che possa tornarsene a New York.»

Cooper annuì con aria dimessa. «Devo convincere il mio capo che noi due possiamo lavorare insieme e fare progressi.» Rivolse un ampio sorriso a Taylor. «Per fortuna, io e Taylor abbiamo concordato di conoscerci meglio.»

Taylor distolse lo sguardo, per nascondere un piccolo fremito in reazione al suo sorriso. L'ultima cosa che voleva è che quel tizio capisse quanto la turbava.

«Allora, Taylor, cosa ti porto, il solito?» chiese Crystal.

Interpellata, cercò di concentrarsi di nuovo sulla conversazione. «Sì, è quello che ci vuole per una mattina così grigia. Sembra che pioverà. Dio solo sa quanto ce n'è bisogno.»

«Una bella giornata uggiosa» commentò Crystal, dopo aver preso l'ordinazione di Cooper. «Perfetta per discutere delle cose con calma.»

Taylor le rivolse uno sguardo di avvertimento. La situazione tra lei e Cooper era seria per varie ragioni e non doveva diventare oggetto di chiacchiere.

Crystal le diede un veloce abbraccio. «Buona colazione. Ci vediamo dopo.»

«Mi sono perso qualcosa?» chiese Cooper.

«Niente di che. Solo due amiche che si danno man forte» rispose Taylor.

«Ho preso una stanza al Lilac Lake B&B e non ho fissato una data di partenza. Come ti ho detto, non me ne andrò finché io e te non saremo arrivati a poter lavorare insieme sul tuo libro. Cosa ne dici di farmi fare un giro turistico della città?»

Taylor ricacciò indietro un mugugno, ricordando che Dorothy le aveva detto che avrebbe dovuto conoscerlo meglio. «Va bene. So che sei ansioso di lavorare sul libro, ma io non mi sento pronta. Mi serve più tempo per conoscerti meglio, prima di poterti dare fiducia.»

Lui chinò la testa e lasciò uscire un sospiro. Quando risollevò lo sguardo, lo fissò nel suo. «Ascolta, io ho bisogno di dimostrare il mio valore, in questo lavoro. In qualche modo dobbiamo far sì che le cose funzionino tra noi. Se ti prometto di andarci piano, ti fiderai di me?»

Taylor si sporse in avanti. «La fiducia te la devi

guadagnare. È facile a parole, com'è facile demolire l'opera di uno scrittore, quando non hai mai scritto un libro.» Lo squadrò. «E tu non l'hai fatto, giusto?»

«No» ammise. «Ma so riconoscere un buon libro quando ne leggo uno. Il tuo non è il primo su cui lavoro.»

«E com'è andata con gli altri?» La curiosità era sincera.

«Bene, direi. Abbiamo entrambi imparato molto.»

«Interessante. Immagino che ci sia sempre da imparare.» Taylor fece una pausa e aggiunse: «Per entrambi.»

Le loro ordinazioni arrivarono, e per un po' nessuno dei due parlò, assorto nel cibo. Ma anche mentre mangiava, Taylor continuava a lanciargli occhiate furtive. Lui stava cercando di essere gentile.

Dopo che ebbero finito di fare colazione, lo portò a fare un breve giro esplorativo della città. Se doveva restare per un po', era meglio che sapesse dove trovare alcune cose. Non aveva intenzione di fargli da babysitter.

«Devo tornare a casa a cambiarmi» gli disse, più tardi. «Ho promesso di aiutare a decorare un carro per la parata del 4 luglio.»

«Posso venire con te? Se non possiamo lavorare al libro, non ho molto altro da fare.»

Taylor fece spallucce. «Immagino di sì. Hai già conosciuto un paio delle persone che lavorano sul carro, ieri sera da Jake.»

Lo salutò con la mano e si avviò verso casa, riflettendo sul fatto che andare d'accordo con Cooper si stava rivelando più semplice del previsto. Ma andare d'accordo era ben lontano dal fidarsi di lui tanto da voler lavorare al libro che aveva fatto a pezzi. Però, Dorothy aveva ragione: in qualche modo dovevano fare amicizia.

Quando passò a prenderlo al B&B, Cooper la studiò e le

sorrise. «Stai bene così.»

«Grazie.» Taylor si era fatta la doccia e aveva lasciato i capelli appena lavati sciolti sulle spalle. Invece di pantaloni della tuta e maglietta, indossava una gonna di jeans e una camicetta a fiori. Notò che anche lui si era cambiato, passando da pantaloni lunghi e polo a pantaloncini e maglietta, che aderiva agli addominali scolpiti. Magari lavorava a una scrivania tutto il giorno, ma di sicuro doveva trovare il tempo per la palestra.

Nel tragitto verso il deposito di legnami Beckman, gli raccontò di come la parata del 4 luglio fosse un grosso evento in città.

«Il fascino della provincia» mormorò lui. «Io non mi sono mai spostato da New York e non riesco a immaginare di vivere altrove.»

«Io ho ancora il mio appartamento lì,» spiegò Taylor «ma non sono sicura di volerci tornare, tantomeno di volerci vivere in modo definitivo. Da quando la nonna ha regalato a me e alle mie sorelle il cottage nella proprietà della Lilac Lake Inn, ho scoperto un nuovo stile di vita.»

«Sul serio? Questa cittadina è affascinante però... non so... è così tranquilla»

«È più complicato di quanto pensassi all'inizio» ammise lei. «Non ho ancora passato un intero inverno qui, però posso sempre prendermi una pausa altrove.»

«A meno che tu non sia sotto scadenza, con la casa editrice.»

Per un attimo, Taylor pensò che dicesse sul serio, poi vedendo il suo sorrisetto, ridacchiò insieme a lui.

Quando si fermarono davanti al capannone, Taylor notò altre due auto parcheggiate. Mentre si avvicinavano alla struttura, sentì delle voci femminili all'interno e immaginò che fossero arrivate le ragazzine della scuola di danza.

Crystal venne loro incontro sulla porta. «Siete arrivati al momento giusto. Ci servono persone più alte per aiutarci con la torta.»

Taylor si voltò verso Cooper, che doveva essere sul metro e novanta e sogghignò. «È il lavoro perfetto per te.»

Lui sorrise. «D'accordo, da dove volete che inizi?»

Crystal li guidò all'interno e indicò un secchio pieno di fiori. «Questi devono andare sul terzo strato della torta. Infilali più vicini possibile, ma senza sovrapporli e cerca di alternare i colori.»

«C'è altro?» Cooper inarcò un sopracciglio in modo malizioso.

Lei gli diede di gomito. «Al lavoro!»

«E io? Cosa vuoi che faccia?» chiese Taylor.

Le ragazzine della scuola di danza erano indaffarate a creare ghirlande, infilando i fiori di carta tra i fili attorcigliati di una corda.

«Dai un'occhiata alle ragazze. Io devo tornare alla caffetteria, prima che arrivi la ressa per pranzo.» Poi abbassò la voce. «Voi due siete carini insieme. Sei sicura che Cooper sia proprio così antipatico come dici?»

«Ci stiamo solo conoscendo, per poter lavorare insieme.» Lanciò uno sguardo verso di lui, che si era già messo all'opera. «Forse c'è speranza.»

«È il quattrocchi più sexy che abbia mai visto» commentò Crystal.

Taylor le rivolse un'occhiataccia.

«Era solo per dire.» Crystal le regalò un sorrisetto sornione.

«Sei incorreggibile. Com'è andato il tuo appuntamento con Ross?»

L'amica si strinse nelle spalle. «Siamo stati bene, ma non so se gli piaccio. Lui è un tipo così... serio.»

Taylor l'abbracciò. «Dagli il tempo di conoscerti.»

«Sì, immagino di poter essere un po' impegnativa» ammise lei. «Grazie. Avevo bisogno di sentirlo.»

Crystal se ne andò e Taylor si spostò verso le giovani ballerine. «Allora, dove mi metto io?»

Una ragazzina dal viso dolce e la testa piena di treccine le indicò un posto vuoto accanto a lei sul pavimento. «Puoi sederti vicino a me.»

Taylor si accucciò a terra e tutte e sei le ragazze cominciarono a darle indicazioni allo stesso tempo. «Una alla volta, vi prego!» scoppiò a ridere.

Più tardi, mentre stava ancora aiutando con le ghirlande, Cooper le si avvicinò. «Io ho fatto. Vuoi venire a vedere com'è venuto?»

«Certo» rispose lei, cercando di alzarsi.

Lui le tese la mano. Le sue dita forti le avvolsero il palmo e un'ondata di calore la percorse, mentre la tirava verso di sé. Per un attimo, rimasero a fissarsi, prima che Taylor si scostasse in fretta, fingendo di spolverarsi la gonna. Quel contatto l'aveva decisamente mandata in tilt.

«Cosa ne pensi?» le chiese poi, e Taylor, dapprima confusa, ci mise un attimo a capire che si riferiva al proprio operato, non alla sua reazione al contatto tra loro.

Sollevò lo sguardo sulla torta e vide che aveva fatto un lavoro notevole. «Mi sembra perfetta. Saranno tutti emozionati all'idea di vedere il carro, specialmente Brad e Aaron Collister. La torta è stata ideata per festeggiare il quinto anniversario della Collister Construction.»

«Erano anche loro al bar, ieri sera?»

«No, ma posso presentarteli. Mia sorella Dani è fidanzata con Brad.»

In quel momento, ebbe un flash delle parole di Dorothy. Passando nervosa da un piede all'altro, aggiunse: «Dani e

Brad hanno invitato me e mia sorella Whitney a cena da lui, stasera. Sono sicura che nessuno avrà niente da ridire se ti unisci a noi. In questo modo potrai conoscere la mia famiglia e farti un'idea della mia vita quando scrivo. Loro mi sono di grande aiuto.»

«Potrebbe essere utile per entrambi» rispose Cooper. «Ho promesso all'editore che farò tutto il possibile per far sì che impariamo a lavorare insieme.»

«Così sia, allora, se sarà d'aiuto al nostro rapporto professionale. Li chiamo per avvisarli.»

CAPITOLO 8
WHITNEY

Whitney era seduta in cucina con Dani a chiacchierare dei colori che avrebbero scelto per le camere da letto al cottage, quando Taylor entrò insieme a un affascinante uomo alto con gli occhiali. *Ah, questo dev'essere il famigerato Cooper,* pensò tra sé e sorrise. I due insieme erano adorabili. Non che l'avrebbe mai detto a Taylor. Dalla sua espressione provata, le era chiaro che la sorella non fosse dell'umore per commenti del genere.

Whitney osservò Pirata e Mindy che andavano a salutare Cooper scodinzolando, mentre lui si chinava a coccolarli.

«Ciao ragazze, lui è il mio editor, Cooper Walker.» Il tono di Taylor appariva fin troppo allegro. Si voltò verso di lui. «E loro sono le mie sorelle. Dani è fidanzata con Brad Collister, come ti ho già detto. Lei invece è Whitney.»

«Piacere di conoscervi.» Cooper fece un cenno educato a entrambe, ma a Whitney non sfuggì che il suo sguardo indugiò su di lei. Anche Taylor doveva essersene accorta, a giudicare dalla sua espressione di lieve disappunto. Incrociando il suo sguardo sollevò le sopracciglia come a dire: "Figuriamoci, lo so che la star sei sempre tu."

Ma poi sorrise e si rivolse a Dani. «Grazie per averci invitati entrambi a cena stasera». Come se non sapesse che non avrebbero mai fatto storie al riguardo. Morivano entrambe dalla curiosità di saperne di più sull'uomo che l'aveva fatta così infuriare.

«Figurati. Io e Brad abbiamo scoperto che è molto divertente cucinare insieme.» Dani sorrise al nuovo arrivato.

«Vada come vada. Potrebbe venire fuori una cena deliziosa o pessima. Quindi se vuoi correre il rischio sei il benvenuto, Cooper.»

«Grazie, sarà un piacere» rispose lui.

Whitney, abituata per lavoro a leggere le reazioni delle persone, notò il leggero rossore sulle sue guance e il modo in cui faticava a stare fermo e ne dedusse che era timido. Doveva ricordarsi di dirlo a Taylor.

CAPITOLO 9
TAYLOR

Taylor e Cooper si accomodarono su due delle sedie Adirondack raggruppate sul patio, mentre gli altri si davano da fare ai fornelli.

«Giusto perché tu lo sappia, la prima moglie di Brad è morta di cancro un paio di anni fa» disse Taylor. «Dani e Brad si sono fidanzati da poco. Scalda davvero il cuore vedere quanto è forte il loro amore.»

Lo sguardo color miele di Cooper incontrò il suo. Taylor deglutì con forza, mentre la parola "amore" restava a galleggiare sopra di loro, come a sottolineare la critica che lui aveva mosso al suo lavoro. Il nodo della questione era l'affermazione secondo la quale lei non aveva mai sperimentato il vero amore. E cosa avrebbe potuto farci? Era la verità.

Taylor ripensò al ragazzo che aveva frequentato ai tempi del college. Allora aveva pensato fosse una cosa seria, aveva persino fatto l'amore con lui, per poi scoprire che lui non era pronto a sistemarsi. E, a essere onesta, nemmeno lei. Era stato il classico primo amore, dopo qualche frequentazione di scarsa importanza. Quell'esperienza l'aveva resa diffidente riguardo alle relazioni, e quindi eccola lì, a non averne una di quelle "che mettono l'anima a nudo".

«Bello questo giardino» commentò Cooper.

I lillà erano sfioriti, ma il roseto su un lato del prato era in fiore e offriva un tocco di colore e un delicato aroma all'aria pulita. Mancava ancora un po' al crepuscolo, ma a quell'ora del giorno i rumori delle attività quotidiane si erano già affievoliti.

Whitney li raggiunse all'esterno, presto seguita da Dani e Brad.

Dani portò fuori un piatto da portata con cracker spalmati di formaggio fresco e guarniti con una goccia di marmellata di fichi. Brad reggeva in una mano una bottiglia di vino bianco già aperta e nell'altra un vassoio con cinque calici.

«Cosa ne dite di un po' di pinot grigio ghiacciato?» propose, appoggiando il vassoio.

Ricevuto un entusiasta unanime assenso, ne versò un dito in un calice. «Ti va di assaggiarlo tu, Cooper?»

Taylor non si sorprese vedendolo annuire con grazia. Di certo era abituato a fare vita sociale, nella metropoli, e conosceva la ritualità del vino.

Lo guardò sollevare il bicchiere alla luce, agitarlo con lieve moto circolare e infine assaggiarlo. «Molto buono» commentò.

«Ci stiamo facendo anche noi una cultura sui vini» disse Dani, sorridendogli.

Brad distribuì i calici a tutti e poi sollevò il suo per un brindisi. «Alla vita meravigliosa che ci aspetta a Lilac Lake.»

Taylor notò l'esitazione di Cooper e nascose una risatina. Aveva già messo in chiaro che non avrebbe mai lasciato la metropoli per una piccola città come Lilac Lake.

Dani passò tra loro con il vassoio e si servirono tutti.

«Sono deliziosi» commentò Taylor.

«Molto semplici, ma saporiti. Per cena abbiamo preparato uno sformato di pollo e riso con salsa al vino. Spero piaccia a tutti. Come dice la madre di Brad, i veri lavoratori come lui hanno bisogno di un pasto sostanzioso, alla fine della giornata.»

«È per questo che stai imparando a cucinare?» chiese Whitney, rivolgendole un sorrisetto impertinente.

Dani scoppiò a ridere. «Sai cosa si dice delle suocere che

adorano i loro figli maschi. È meglio non contraddirle. Scherzi a parte, la madre di Brad è una donna adorabile, che vorrebbe che io li aiutassi all'azienda agricola, oltre a lavorare come architetto per l'impresa edile e anche come freelance. E io che mi preoccupavo di potermi annoiare qui. Adesso mi chiedo se riuscirò a fare tutto.»

«Dimmi di più dell'impresa edile.» Cooper si rivolse a Brad.

Quest'ultimo gli raccontò con piacere della costruzione di Woodlands, la casa di riposo in cui da qualche mese viveva GG, che li aveva aiutati a ottenere l'appalto per la ristrutturazione della locanda. E poi gli disse dei Meadows, il nuovo complesso residenziale che stavano edificando.

«Un sacco di lavoro per un'impresa recente» commentò Cooper. «So che fate cinque anni, dato che ho lavorato alla vostra torta di compleanno sul carro per la parata del 4 luglio.»

Brad ridacchiò. «In realtà, io e mio fratello lavoriamo insieme da molto più tempo. Abbiamo fondato la società quando gli affari hanno cominciato ad andare bene.»

«Hai lavorato al carro, Cooper? Allora è deciso!» esclamò Dani. «Sei invitato a festeggiare il 4 luglio con noi. Anzi, non è un invito, è un ordine.»

Taylor nascose un moto di fastidio. Dani avrebbe dovuto chiedere a lei, prima di invitarlo. Ma non voleva rovinare la serata, perciò si disse di rilassarsi, mentre Brad le offriva un altro cracker.

Dani le passò davanti, diretta verso la cucina e ne approfittò per lanciarle un'occhiata maliziosa.

«Allora, dimmi qualcosa del tuo lavoro» chiese Brad a Cooper.

L'interpellato guardò verso Taylor prima di rispondere. «Lavoro come editor per una casa editrice di New York. È un lavoro che richiede molta attenzione ai dettagli, ma mi piace. Specialmente quando riesco a far sì che un libro esca in una forma migliore di come mi è arrivato.»

Whitney attirò l'attenzione di Taylor per intimarle con lo sguardo di essere gentile.

Taylor deglutì con sforzo e decise di non commentare. Non poteva guastare la cena di Dani e Brad.

«Allora, parlando delle ultime novità in città,» intervenne Whitney «avete sentito che il consiglio comunale ha già dato il via libera per l'organizzazione degli eventi natalizi con l'accensione dell'albero? Sarà divertente. Sono venuta qui un sacco di volte, ma mai per Natale. Era sempre GG a venire da noi.»

«GG è vostra nonna?» Cooper chiese a Taylor.

«Sì, lei è la migliore» rispose lei.

«Devi proprio presentargliela» le sorrise Whitney.

«Mi piacerebbe. Sembra una signora meravigliosa» disse Cooper.

Taylor si agitò, a disagio sulla sedia. Whitney e Dani avevano qualcosa in mente? O era solo una coincidenza che entrambe l'avessero in pratica costretta a chiedere a Cooper qualcosa che non era per niente sicura di volere?

Più tardi, mentre stavano per andar via, Brad si rivolse a Cooper. «Visto che passerai del tempo qui, chiedi a Taylor di accompagnarti a vedere i Meadows. Puoi anche venire a vedere come procede la Lilac Lake Inn, se ti va.»

«Va bene, grazie» rispose Cooper. «Non so ancora bene quanto resterò, ma mi piacerebbe.»

Taylor rimase in silenzio. Non aveva idea di quanto ci avrebbero messo prima di raggiungere una specie di accordo per lavorare insieme.

Quando gli offrì un passaggio fino al B&B, Cooper scosse la testa. «Ti ringrazio, ma farò due passi. La cena era eccellente.»

«Bene, buonanotte allora.» Taylor lo riaccompagnò alla porta e lo salutò con la mano mentre se ne andava.

Che razza di serata. Tutti ansiosi di fare amicizia con Cooper. Che stava succedendo?

La mattina seguente, Taylor rimase sveglia a letto a ripensare alla cena a casa di Brad. A posteriori, era stata una bella serata, sebbene la presenza di Cooper l'avesse messa a disagio. Poteva essere così irritante un momento, e così affascinante quello successivo. Brad e le sue sorelle sembravano esserne stati conquistati.

Si alzò e andò al computer. Passò in rassegna le e-mail per ritrovare quella che le aveva mandato lui, e rileggerla la fece infuriare di nuovo. Criticare il suo lavoro era un suo diritto... era il suo mestiere, dopo tutto. Ma il modo in cui sembrava suggerire che lei non avesse mai avuto, e probabilmente non avrebbe mai avuto, una relazione profonda con un uomo, la feriva.

In preda alla frustrazione, cercò di prendere una decisione: avrebbe mai potuto lavorare bene con quell'uomo? Alcune delle autrici che conosceva avevano scelto il self-publishing. Forse avrebbe potuto farlo anche lei, così che non ci sarebbe stato nessun Cooper a distruggere il suo lavoro e a farle dubitare di poter scrivere di nuovo. Avrebbe potuto assumere altri editor, persone di cui si fidava e che sapeva sarebbero state oneste, ma anche gentili.

Si vestì e scese di sotto, determinata a provare ad andare d'accordo con Cooper, in modo da non perdere il suo contratto. Sperava che lui si accontentasse di scoprire la zona, senza infilarsi in discussioni sui problemi relativi al libro.

Whitney era già in cucina.

«Buondì. Ti sei svegliata presto. Che succede?»

La sorella sospirò e si strinse nelle spalle. «Mi ci vorrà un po' per adattarmi a tutti questi cambiamenti. Tu sei presa dalla tua scrittura, Dani ha il suo lavoro, e io sto con le mani in mano. Va bene aiutare Crystal con il carro, ma non ho altro da fare. Mi serve uno sbocco creativo.»

Taylor si sedette accanto a lei. «Ti ricordi quegli spettacoli che scrivevi, per poi costringere me e Dani a recitarli? Perché non provi a organizzare un corso di teatro per i bambini della zona? C'è ancora abbastanza tempo per mettere su uno spettacolo o due quest'estate.»

Whitney spalancò gli occhi. «Oh, sarebbe divertente. Potremmo usare l'auditorium del centro ricreativo cittadino.» Si sfregò le mani e sorrise. «Ti ho mai detto quanto ti adoro? È un suggerimento favoloso. Cercherò qualche informazione e materiale online per spettacoli teatrali, poi parlerò con Crystal di come pubblicizzare l'iniziativa.»

«Ricorda che ci sono anche dei campi estivi in zona, a cui piacerebbe qualcosa del genere» aggiunse Taylor. «Un anno, ho fatto lo Stregatto in uno spettacolo. Mi sembrava di avere così tanto talento, ma ero l'unica a pensarlo.»

Whitney scoppiò a ridere. «Me lo ricordo. Non eri così male nella parte di un gatto sogghignante. Grazie per avermi dato l'idea. Vedrò cosa riesco a fare in così poco tempo. Potrei iniziare con le ragazzine della scuola di danza. Mi sembrano il tipo che potrebbe essere interessato. Già amano esibirsi.»

Taylor si alzò per darle il cinque. «Ora mi serve un caffè per affrontare la mia giornata, che sarà dedicata a fare da cicerone a Cooper.»

«È un ragazzo carino, Taylor. Lavorare insieme a lui potrebbe esserti utile.» Whitney aveva ripreso a parlare come la sorella maggiore che conosceva.

«Non so se ci riesco. Ogni volta che mi siedo al computer mi appaiono nella testa le sue parole su quanto gli sembra irrealistica la mia visione dell'amore. Come posso continuare a scrivere storie romantiche se nessuno mi prende sul serio?»

«Ehi!» la bloccò Whitney. «Hai un sacco di lettori che amano i tuoi libri. Non permettere che i commenti negativi di Cooper ti facciano cambiare quello che sai che funziona.»

Taylor sospirò. «Vedremo. Al momento non riesco nemmeno a cominciare il nuovo libro.»

CAPITOLO 10
TAYLOR

Dopo aver fatto colazione, Taylor fece il proprio dovere e chiamò Cooper per chiedergli se voleva vedere il cottage dove avrebbe vissuto e lavorato in futuro. Era importante che capisse che avrebbe continuato a scrivere in ogni caso, anche se avesse mollato l'editore. Una volta ritrovato il suo tocco magico, non c'era alcuna possibilità che si tenesse dentro tutte quelle storie che fremevano per uscire in forma scritta, e il posto migliore per farlo avrebbe potuto essere il cottage.

«Grazie, mi piacerebbe vederlo. Dani e Whitney sembravano così eccitate al riguardo. Siete fortunate ad avere una casa per le vacanze come quella.»

«Non sarà solo una casa estiva. Dev'essere per forza abitata almeno per sei mesi l'anno» spiegò Taylor. «È questo l'accordo che mia nonna ha firmato con i nuovi proprietari della locanda. Se sei già pronto, passo a prenderti.»

«Mi sembra un ottimo piano. Sono pronto quando vuoi.»

Taylor chiuse la conversazione pensando che Cooper stava facendo del suo meglio per mostrarsi collaborativo. Questo rendeva meno duro il fatto di essere costretta a passare del tempo con lui.

Cooper l'aspettava già davanti al B&B.

«Il cottage si trova nello stesso posto della locanda?» le chiese, appena svoltarono nel viale d'accesso.

«Sì. Come puoi vedere, le vecchie ali delle camere sono state abbattute e stanno rinnovando completamente l'edificio principale. Finché era di proprietà di GG, la locanda era abbastanza piccola e comprendeva la struttura originale e due ali di camere per gli ospiti. La nuova locanda sarà molto più grande. Ma, su suggerimento di Dani, si cercherà di mantenere un aspetto che ben si accordi ai dintorni e al contesto naturale.»

La proprietà era circondata da maestosi pini e abeti, che creavano movimento e colore con il loro verde intenso, insieme agli aceri e alle altre latifoglie. Il terreno era ricoperto da un soffice cuscino naturale di aghi di pino e foglie, sul quale era piacevole camminare, quando ci si addentrava nel bosco.

«Da bambine ci piaceva un sacco giocare a nascondino nei boschi attorno alla locanda.» Taylor fece notare a Cooper che la locanda era posizionata sopra un'altura, attorniata da un rigoglioso prato verde che degradava dolcemente fino a una zona pianeggiante di fronte all'acqua. Un ampio pontile di legno si allungava sopra il lago, con una lunga panchina, in fondo, per permettere alle persone di sedersi e godersi il panorama.

«Da qui, quando la giornata è limpida, puoi vedere le White Mountains, fino al White Mountain Hotel & Resort, appena fuori North Conway. La locanda non era così imponente, però aveva anche lei un suo charme raffinato, e i nuovi proprietari hanno dichiarato di voler mantenere il suo carattere e il suo buon nome.»

Camminarono insieme fino alla fine del pontile e si guardarono attorno. Il suono dell'acqua che lambiva i pali che reggevano la struttura era rilassante. Il canto degli uccelli aggiungeva musicalità all'insieme. Il *qua qua* di un'anatra che nuotava davanti ai suoi cinque anatroccoli attirò l'attenzione di Taylor. «Che carini» mormorò mentre passavano davanti a loro.

«È molto bello» commentò Cooper. «Molto riposante.»

«Sì, a parte i rumori del cantiere, quando lavorano. Ma, in

passato, qui c'era pace anche quando la locanda era in piena attività, con gli ospiti che nuotavano o facevano il giro del lago con i piccoli Sunfish messi a disposizione dalla locanda.»

«Le barche a motore sono consentite sul lago?» chiese Cooper.

«Niente motoscafi, moto d'acqua o jet ski. Ma sono ammessi barche a vela, pedalò, canoe, barche a remi o piccole imbarcazioni da pesca con motori elettrici. Ecco perché il lago è così pacifico. Se qualcuno vuole usare il motoscafo può farlo nei laghi più grandi della zona.»

«Mi sembra giusto.» Cooper si alzò per osservare quel che rimaneva della locanda. «E questo spazio pianeggiante?» Indicò il prato che si estendeva davanti a loro.

«Di solito era usato per celebrazioni familiari, o occasioni speciali, come i matrimoni.»

«Bello. Non è difficile immaginare perché le persone amassero passare del tempo qui.»

«Un sacco di clienti di GG erano abituali, e tornavano ogni anno. Immagino che sarà lo stesso per i nuovi proprietari.»

«Qualcuno mi ha detto che sono tre.»

«Sì, un fratello e una sorella, insieme a Ross Roberts, l'ex giocatore di baseball» rispose Taylor.

Il volto di Cooper si illuminò. «Ross Roberts? Sul serio? Mi piacerebbe un sacco conoscerlo. Sono un grande tifoso degli Yankees.»

«Credo che al momento sia fuori città. Va e viene.» Taylor era sorpresa dal suo entusiasmo. «Non pensavo che ti piacesse il baseball. Io sono una tifosa irriducibile dei Red Sox.»

«Figuriamoci.» Cooper scosse la testa.

Taylor cercò di nascondere quanto il suo cipiglio la divertisse. «Andiamo al cottage. È in fondo alla proprietà, in un angolo appartato e tranquillo, ma allo stesso tempo non troppo lontano dalla locanda, nel caso in cui io o le mie sorelle volessimo andare a prenderci qualcosa da mangiare lì.»

«La privacy senza rinunciare alle comodità» commentò Cooper. «Capisco perché vi piaccia l'idea di venire a vivere qui.»

Taylor lo guidò verso il vialetto del cottage, e insieme percorsero lo sterrato. Prima ancora di arrivare in prossimità del garage, Taylor ebbe un brivido lungo la schiena. Per quanto cercasse di restare calma, il pensiero di un fantasma nella proprietà le faceva venire voglia di girare i tacchi e correre via.

«Tutto bene?» Cooper sembrava preoccupato.

Taylor annuì, sciolse le braccia che aveva stretto attorno alla vita e raddrizzò la schiena. Non voleva dargli motivi di ridere di lei.

La serranda del garage era aperta. Notò tre elettrodomestici ancora avvolti nella plastica protettiva, all'interno. «Da questa parte.» Lo guidò verso l'ingresso della casa. Era tutto tranquillo, non c'erano operai in giro.

«Che bella vista» disse Cooper. «E guarda quel masso piatto.»

«Ci andiamo da sempre a prendere il sole» spiegò lei. «È il posto ideale quando hai bisogno di riflettere. Vuoi vederlo da vicino?»

«Certo.» Cooper la superò e camminò davanti a lei.

Salirono sul masso e si sedettero. «Questa sì che è vita.» Cooper si stese sulla schiena a guardare il cielo. «È comodo quasi quanto un'amaca.»

Taylor rise e si sdraiò a sua volta sulla roccia, mantenendo le distanze.

Il sole sopra le loro teste giocava a nascondino dietro soffici nuvole bianche, che si muovevano nel cielo come ciuffi di panna montata o marshmallows, due delle cose che amava di più.

Cooper si voltò a guardarla e sorrise. «Immagino che il masso sia di granito. Duro ma confortevole.»

«È un perfetto simbolo per il New Hampshire e il temperamento forte di cui la sua gente va ancora orgogliosa. Il motto dello Stato è: vivi libero o muori.»

Cooper si sollevò su un gomito. «È così che vuoi vivere? Senza nessuno che ti dica cosa fare? È per questo che non sei stata contenta delle revisioni che ti ho suggerito?»

Lei si mise a sedere e lo fissò. «Non mi dispiace che qualcuno critichi il mio libro, se la critica è gentile e costruttiva.» Prese un profondo respiro e lo lasciò uscire. «Come hai potuto rivolgerti a me in modo così sgarbato, sminuendo me e il mio lavoro? È così che ti rapporti con gli autori, di norma? L'editore per cui lavori guadagna anche grazie a me.»

Anche Cooper si mise a sedere. «Lo so. È per questo che sono qui. Devo dimostrare di poter essere più comprensivo ed empatico. O almeno, questo è quello che mi hanno detto.»

«Sei sempre così duro con le persone?» Taylor avrebbe voluto poter vedere i suoi occhi dietro le lenti scure degli occhiali da sole.

«Non più duro di quanto lo sia con me stesso.» Cooper fissò un punto lontano e poi tornò a guardarla. «Perché le mie critiche ti hanno dato così fastidio?»

«Non lo capisci?» sbottò incredula. «Ti sei permesso di giudicare me e la mia vita privata.»

«Non ne avevo intenzione. Io posso migliorare il tuo libro. Non ti chiedo di riscriverlo di sana pianta, ma di apportare piccoli cambiamenti.»

Tutta la buona volontà di Taylor fu spazzata via, come da un temporale improvviso. La comunicazione che le aveva mandato era crudele. Avrebbe potuto recitarla a memoria per quante volte l'aveva riletta. Si alzò in piedi. «Non sono sicura che funzionerà. Io non mi fido ancora di te. E questo rende inattuabile pensare di poter lavorare insieme.»

Cooper scattò in piedi e sostenne il suo sguardo. «Mi dispiace se ti ho dato un'impressione sbagliata. Ti chiedo di offrirmi un'altra possibilità.»

Taylor rimase immobile, ma la sua mente correva. Se ancora non riusciva a comprendere quanto le sue parole l'avevano ferita, come l'avevano fatta dubitare di sé, non pensava che l'avrebbe mai capito.

«Senti, non ha senso che io resti qui, se ancora non hai preso una decisione. Domani tornerò a New York. Tua sorella mi ha chiesto di tornare per la parata del 4 luglio e mi piacerebbe, ma non tornerò se non avrai deciso di poter lavorare con me. Vuol dire che hai una settimana di tempo per decidere.»

Taylor sentì il tono di supplica nella sua voce e ricordò l'avvertimento di Dorothy. «Va bene.»

«Affare fatto.» Le tese una mano come per invitarla a suggellare il patto.

Taylor sollevò la propria e Cooper la strinse e la scosse, una, due volte.

La scossa le risalì lungo il braccio, inviandole decisi segnali di allarme. *No, no e no!* Gli voltò le spalle e si allontanò verso il cottage, più in fretta possibile, pregando che lui non avesse notato la reazione del suo corpo al contatto. La prima volta, aveva pensato che fosse solo una reazione nervosa, per via della situazione tesa. Se ora lui avesse capito che genere di emozioni le faceva provare, avrebbe anche intuito quanto fosse inesperta in materia di relazioni.

Quando raggiunse la porta del cottage, Taylor era già tesa, per cui non si sorprese avvertendo un brivido di paura.

Cooper si affrettò a raggiungerla sul portico. «Entriamo o cosa?»

«Sì. Anche se è tutto ancora in costruzione, puoi già farti un'idea dello spazio interno del piano terra, che è molto aperto. Io e le mie sorelle lo adoriamo.»

Entrarono.

Cooper si diresse verso la cucina, mentre Taylor sostava all'ingresso, chiedendosi se seguirlo fosse sicuro.

La folata di vento che la investì da dietro parve decidere per lei, spingendola all'interno.

«Verrà benissimo.» Cooper emerse dalla cucina. «Mi piace la sensazione di spazio, e anche che sembra di essere fuori, al tempo stesso, grazie a tutte queste finestre in punti strategici.»

«Dani sarebbe felice di sentirlo. È lei che ha progettato gli interni.»

«Andiamo a vedere di sopra» propose Cooper.

Taylor si morse il labbro. Non voleva dare a Cooper un'altra arma che avrebbe potuto usare contro di lei, quindi si limitò a sussurrare: «Veniamo in pace.»

L'atmosfera dentro la casa sembrava pacifica, quindi seguì Cooper sulle scale. Era qualche giorno che non veniva a vedere i progressi dei lavori.

Il bagno del piano superiore era stato del tutto smantellato. I vecchi sanitari erano stati rimossi e le pareti riportate alla struttura portante. Si vedevano solo i nuovi tubi che gli idraulici avevano montato, ma il locale era spazioso e sarebbe venuto benissimo, lo sapeva.

«La camera da letto padronale è di qua.» Taylor lo guidò verso la stanza con doppia esposizione e vista sul lago. Sul tetto era stato aperto un abbaino e lei sostò un attimo lì sotto a guardare il cielo. Di colpo infreddolita, si strinse le braccia attorno al corpo.

Cooper se ne accorse e la raggiunse. «Hai freddo» mormorò, passandole un braccio dietro le spalle e sollevando lo sguardo verso il cielo.

Lei si voltò verso di lui e vide apparire una nube di piccole luci bianche. Quando guardò di nuovo erano scomparse.

«È meglio andare, adesso.» Fece un passo per allontanarsi da lui. Non aveva idea di cosa fossero quelle lucine e non aveva nessuna intenzione di scoprirlo.

«Aspetta! Non c'è anche un secondo piano?»

«Sì, ma io non vado mai lassù. Ora esco» disse Taylor.

Una volta tornati sul portico, Cooper la guardò serio. «Cos'è che non mi stai dicendo? La casa è infestata, forse?»

Taylor si strinse nelle spalle. «Non lo sappiamo. Ma a volte qui dentro accadono cose strane.» Non riuscì a nascondere il tremito nella propria voce.

Cooper la prese per mano. «Non preoccuparti.»

Quelle strane luci apparvero di nuovo. Taylor chiuse gli occhi e seguì alla cieca Cooper giù per i gradini, con tutto il braccio in fiamme.

CAPITOLO 11
DANI

Dani era in riunione con Ross Roberts, Quinn McPherson e la sorella Rachael, i tre nuovi proprietari della locanda, e ascoltava Brad e Aaron spiegare i progetti per la ristrutturazione dell'edificio principale. Avevano concordato che fosse meglio far parlare i due uomini, dato che erano loro ad aver firmato il contratto.

Pur restando in silenzio, Dani era orgogliosa di come avevano lavorato tutti e tre per incorporare più finiture compatibili con le originali possibili. Lo spazio spoglio, liscio e freddo che i nuovi proprietari avevano proposto inizialmente era scomparso. Al suo posto c'era un ambiente magnifico, con splendidi dettagli in legno che non solo davano il benvenuto agli ospiti, ma li avrebbero accolti in uno spazio caldo e confortevole nei giorni di cattivo tempo. Le nuove ali e l'edificio che ospitava la spa erano in stile contemporaneo, come nei progetti iniziali, ma erano riusciti a inserire delle finiture in armonia con l'ambiente circostante e lo scopo per il quale erano stati ideati.

I suggerimenti non erano nati solo dalle competenze di Dani e dalla sua esperienza come architetto, ma anche da anni di frequentazione della locanda, prima solo a giocare, e più avanti a lavorare sotto la supervisione della nonna.

«Le fondazioni per le nuove ali delle camere sono state gettate, e siamo pronti per cominciare a costruire» disse Aaron. «C'è stato un ritardo nella consegna dei materiali, ma ora sono arrivati.»

«Ne sono felice» disse Quinn. «Quando tornerà Liam

Richards, il mio compagno, dobbiamo assolutamente festeggiare.»

Aaron annuì. «Mi sembra giusto. Domani cominciamo a tirare su i pilastri. Ma dobbiamo assicurarci di avere tutti i materiali disponibili. Stiamo tenendo un inventario di tutto quel che utilizziamo, sia per il nostro archivio che per il vostro.»

«Perfetto.»

Dani attese, mentre Quinn, Rachael e Ross uscivano dalla sala riunioni della Collister Construction. L'edificio, che si trovava appena fuori città, accanto ai Legnami Beckman, non era lussuoso, ma si notava che era stato costruito con cura.

«Ci vediamo dopo» disse poi. «Ho appuntamento a pranzo con Taylor e Cooper.» Era felice che l'avessero invitata, perché l'idea di quei due che lavoravano insieme la intrigava. Amava la sua sorellina, ma sapeva quanto fosse introversa e ingenua, e pensava che essere obbligata a lavorare con un tipo sofisticato come lui l'avrebbe aiutata a progettare libri futuri.

Guidò fino alla caffetteria, parcheggiò, e li trovò seduti insieme a Whitney a un tavolo nel dehors, sotto a un ombrellone. Whitney le fece un cenno di saluto e lei si affrettò a raggiungerli, felice che fossero riusciti a trovare un posto così carino, malgrado l'affollamento.

«Noi abbiamo già ordinato» la informò la sorella. «Ma abbiamo detto alla cameriera di tornare a prendere il tuo ordine. Ah, eccola che arriva.»

Presa alla sprovvista, Dani ordinò uno dei suoi piatti preferiti, la *Caesar salad* al pollo, e un tè freddo.

«Crystal ha il pienone anche oggi. Non so come faccia a gestire la caffetteria e anche fare volontariato e tutto il resto» commentò poi.

«Ho finito di dare le ultime aggiustatine al carro» disse Whitney. «Verrà carinissimo. Mi sto anche informando per creare un gruppo teatrale di bambini, grazie al suggerimento di Taylor.»

«Oh, per te sarebbe l'ideale» rispose Dani. «Hai avuto una grande idea, Taylor.»

La vide arrossire. «Grazie.»

Dani notò che Cooper le rivolgeva un cenno di approvazione, facendola arrossire ancora di più.

Cavolo! Sarebbero così carini insieme.

Whitney intercettò lo sguardo di Dani e sogghignò.

I loro piatti arrivarono: insalata per le ragazze e un sandwich per Cooper.

Dani stava bevendo un sorso di tè freddo e per poco non si strozzò, quando Cooper chiese con noncuranza: «Allora, il vostro cottage è infestato?»

«Perché dici questo?» chiese lei.

Cooper lanciò un'occhiata a Taylor e si strinse nelle spalle. «Non so.»

«Hai visto qualcosa di sospetto?» chiese Whitney.

«Solo delle lucette intermittenti, ma forse me le sono immaginate, dato che avevo guardato il sole dall'abbaino della camera padronale.»

Dani avvertì una stretta allo stomaco. Le aveva viste anche lei quelle luci. E Taylor aveva appena sgranato gli occhi, il che le confermò che anche lei sapeva di cosa stavano parlando.

CAPITOLO 12
TAYLOR

Per Taylor era stato uno shock sentire Cooper che parlava delle lucine scintillanti che aveva visto anche lei. Eppure lui non sembrava preoccupato, solo curioso.

Dani le rivolse uno sguardo d'intesa. Whitney sembrava non sapere cosa pensare. Una cosa era certa: prima di trasferirsi in quella casa dovevano essere sicure che non vi avvenissero fenomeni paranormali, e questo voleva dire che dovevano indagare e capire cosa stava succedendo. Era connesso in qualche maniera all'abito da sposa e ai vestitini per neonato che avevano trovato in garage?

«Allora, tornerai qui per la festa del 4 luglio?» Dani distrasse Taylor, rivolgendosi a Cooper.

Quest'ultimo le indirizzò uno sguardo serio, prima di replicare. «Taylor mi farà sapere se è il caso che io torni. Dipenderà dalla possibilità di continuare a essere il suo editor oppure no.»

«Sono sicura che Taylor saprà gestire la faccenda, nell'interesse di tutti» disse Whitney, con il tono della sorella maggiore a cui piaceva mettere ordine alle cose.

«Qualcuno prende il dolce?» chiese Taylor in tono allegro, per cambiare argomento. Aveva scoperto che Cooper era uno da dolci.

«La caffetteria è famosa per le torte» disse Dani.

Taylor sapeva che Whitney non avrebbe ordinato il dolce, anche se era ben lontana da Hollywood. Ma sperava che Dani volesse condividere una fetta di torta con lei.

Quando arrivò la cameriera, Cooper ordinò la torta di mele

con gelato, e, con somma delizia di Taylor, Dani accettò di dividere una fetta di chiffon cake al limone con lei.

«Cosa pensate di fare nel pomeriggio?» chiese Whitney a Taylor.

«Io e Cooper andremo a vedere i Meadows. Ieri a cena Dani e Brad ci tenevano che ce lo portassi.»

«Cosa ne dici di andare a trovare GG a Woodlands?» propose Whitney. «È lei la ragione per cui siamo tutte qui, e so che le farebbe piacere conoscere Cooper.»

Per quanto avrebbe voluto darle un pizzicotto sul braccio per averlo proposto, Taylor sapeva che aveva ragione. Aveva parlato spesso a GG dei suoi libri, in passato. Si rivolse a Cooper. «Va bene per te?»

«Va benissimo» replicò lui. «Io e mia nonna eravamo molto uniti, e so che lo siete anche tu e GG.»

Taylor non poté evitare di sorridere. Cooper stava davvero facendo del suo meglio per mostrarsi collaborativo.

Quando ebbero tutti finito di mangiare, Whitney si alzò. «Ho appuntamento con alcune persone per parlare del teatro per bambini.» Con il suo cappellino da baseball e i grossi occhiali scuri, era difficile riconoscere il suo bel volto, per quanto noto. Sembrava già molto più rilassata, dopo aver lasciato Hollywood nel mezzo di una tempesta emotiva.

Sulla strada per i Meadows, Cooper commentò: «Non avrei mai creduto che tua sorella fosse una persona così normale, pur essendo una star televisiva.»

«Whitney ha sempre avuto la passione per il teatro, per recitare e anche organizzare spettacoli. Solo che poi il tutto si è spostato su una scala molto più grande. Ora non ha voglia di tornare a Hollywood, ma questo non vuol dire che non girerà più un film o un'altra serie, se trovasse qualcosa di congeniale. Recitare la rende felice. Sono tutte le assurdità dietro le quinte che la mettono a disagio.»

Cooper rimase per un attimo in silenzio. «A volte è la vita che ti assegna dei ruoli.»

Si voltò a guardarlo, perplessa. «Di cosa stai parlando?»

«Niente. Lascia stare.»

Rimasero in silenzio finché non arrivarono al complesso residenziale e scesero dall'auto.

I rumori del cantiere e il profumo del legno si diffondevano nell'aria, mescolandosi all'aroma dei sempreverdi.

All'interno dell'ufficio vendite, Kellie Yates, la giovane agente immobiliare alle dipendenze di Melanie, della Lake Realty, mostrò loro il progetto del quartiere e li omaggiò di brochure sulle due case che venivano usate come esposizione. «Guardatevi intorno con calma. Siamo orgogliosi di quello che sta sorgendo qui. È un complesso bellissimo, per acquirenti esigenti.»

Dani le raggiunse. «Eccoci! Siete pronti per il vostro tour privato? Voglio farvi vedere alcune cose che ho aggiunto ai progetti.» Strizzò l'occhio a Cooper. «Sfrutto l'occasione per fare sfoggio della qualità artigianale dei lavori, così puoi parlarne ai tuoi amici. Il complesso sta già attirando l'attenzione di molte persone a New York.»

«Buono a sapersi» rispose lui con garbo. «Mi prenderò qualche altro volantino da distribuire in giro, per quanto gli editor di norma non facciano molti soldi. Ma ho qualche amico che invece se la passa bene.»

Dani lo guardò entusiasta. «Te ne sono grata.»

Li guidò nella prima casa, mostrando i dettagli più significativi di ogni stanza, descrivendo il rapporto tra l'ambiente esterno e gli interni e spiegando come si fossero assicurati che armonizzassero, e poi mostrò loro i cambiamenti che aveva proposto.

Taylor notò la nota di orgoglio nella voce della sorella e

sorrise. Aveva lavorato con grande impegno per arrivare dov'era e l'ammirava per quello. Entrambe le sue sorelle avevano avuto successo nel loro ambito, ed era una delle ragioni per cui lei si impegnava così duramente nella scrittura.

«Cosa ne pensi?» chiese a Cooper alla fine del giro, dopo che Dani li ebbe salutati per tornare al lavoro.

Lui si guardò attorno. «Le case sono bellissime. Capisco perché sono tutti così eccitati. E non sarebbe male avere Ross Roberts come futuro vicino.»

«Lo so. E per quanto non siano direttamente sul lago, i residenti di qui avranno accesso a un pontile e a una spiaggia privati.»

«La ciliegina sulla torta.»

Consapevole di non avere scelta, Taylor gli fece strada verso la sua auto. Era arrivato il momento di incontrare GG.

Mentre guidava verso Woodlands, Taylor aveva i nervi a fior di pelle. Quando aveva raccontato a GG delle critiche di Cooper, la nonna aveva serrato le labbra per l'irritazione. Al momento, Taylor era stata felice di quella dimostrazione di solidarietà, ma poi aveva scoperto che Cooper non era un cattivo ragazzo. Semplicemente, non la capiva per niente. Ma, a dirla tutta, come avrebbe potuto dimostrargli di capire quell'amore di cui lui parlava tanto, se non l'aveva mai vissuto?

Si fermò davanti all'ingresso. «Scendi pure a dare un'occhiata in giro. Io vado a parcheggiare e ti raggiungo dentro.»

Lui annuì di buon grado e scese.

Taylor proseguì verso il parcheggio, trovò un posto libero e spense il motore. Avrebbe voluto che Whitney non le avesse proposto di presentare Cooper a GG. Quando si trattava di lui, le sue emozioni erano così ingarbugliate.

All'interno, trovò Cooper che chiacchierava con la receptionist. Vedendola arrivare le sorrise e rimase lì fermo ad aspettarla. Taylor ne approfittò per studiarlo e dovette riconoscere che era attraente. Parecchio. Ma a renderlo ancora più affascinante era quella sorta di calma che lo circondava. O forse era solo un'impressione, magari per via di quegli occhiali dalla montatura spessa.

«La camera di GG è in fondo a questo corridoio» gli fece strada.

«Il personale qui è innamorato di tua nonna.»

«È una persona adorabile.» Era sua nonna, sì, ma era anche la sua eroina. Una donna forte che aveva preso una casa di famiglia e ne aveva fatto un albergo di successo, grazie a duro lavoro e creatività.

Davanti alla camera di GG, Taylor bussò alla porta semi aperta. «GG? Sono Taylor, ti ho portato una persona.»

La nonna si alzò dal divano e venne loro incontro con un bel sorriso sul volto segnato. «Ah, finalmente. Whitney mi ha detto che saresti passata. Ho pensato che con questo caldo saremmo stati meglio dentro. Ho ordinato della limonata e dei biscotti.»

«Grazie. Mi sembra un'idea eccellente.» Taylor la baciò e poi si voltò verso Cooper. «GG, lui è... il mio editor, Cooper Walker. Cooper, ti presento mia nonna, Genie Wittner.»

«È un piacere conoscerla» le strinse la mano. «La sua famiglia parla spesso di lei.»

«E cosa raccontano?» chiese GG in tono civettuolo.

Lui sorrise. «Sono lieto di informarla che dicono solo cose belle.»

GG ridacchiò. «Eccellente.»

Taylor e Cooper la seguirono nell'area living della sua piccola suite e si accomodarono sulle poltrone di fronte al divano.

La nonna si lasciò cadere sul divano e dopo aver offerto limonata e biscotti indugiò con lo sguardo su Cooper. «Lo sa che sono stata una delle prime lettrici di Taylor?»

«No, non lo sapevo.» Sembrava sorpreso.

«Sono molto orgogliosa del lavoro di mia nipote, non solo perché le voglio bene ma perché credo, e i suoi lettori lo confermano, che abbia un grande talento.»

«Capisco. Allora siamo d'accordo.»

«Se è così, mi dovrà proprio spiegare perché ha criticato il suo lavoro. È solo per la faccenda delle relazioni?»

Taylor avrebbe voluto sprofondare nel pavimento.

«Be', sì» balbettò Cooper. «Mi è sembrato che il libro ambisse a risultare profondamente sentito.»

Gli occhi azzurri di GG sostennero il suo sguardo. «Quindi, ne deduco che lei abbia sperimentato simili emozioni?» Poi sollevò una mano. «Mi perdoni. Non deve rispondere per forza. Penso solo che abbia ingiustamente accusato Taylor di essere carente da quel punto di vista.»

Cooper sembrava a disagio.

Taylor si allungò a dargli un colpetto di incoraggiamento sul braccio, scioccata dall'attacco della nonna.

Cooper deglutì in modo evidente e poi fissò GG dritto negli occhi. «Non ho dubbi sul fatto che Taylor provi delle emozioni. È una persona gentile e riflessiva. È sul manoscritto che non la vediamo allo stesso modo. Io vorrei tanto poter lavorare insieme a lei, come suo editor, sulla descrizione del modo in cui due persone coinvolte in una relazione romantica si rapportano tra di loro, e forse su qualche altro problema. È importante per me.»

«Stiamo provando a capire se possiamo lavorare insieme» intervenne Taylor.

«Capisco.» La nonna spostò lo sguardo da lei a Cooper e poi riprese in tono allegro. «Ora che abbiamo liquidato le questioni di lavoro, godiamoci la nostra merenda. Mi scuso per essere stata così diretta, ma alla mia età non c'è più tempo per girare intorno alle cose. Allora, Cooper, come ha trovato la nostra cittadina?»

Visibilmente sollevato che l'interrogatorio fosse finito, Cooper sorrise. «Lilac Lake non è New York, ma capisco perché la gente ne sia così attratta. È una zona bellissima. E il cottage sarà fantastico, una volta finito.»

«Sì, lo penso anch'io. La mia famiglia ha posseduto questa terra per generazioni. Mio nonno, il bis-bis-nonno di Taylor, ci portava la gente di New York, a caccia e pesca, ai tempi in cui arrivare fin qui era un vero viaggio. O così sembrava, almeno.»

«È rimasta quella sensazione di essere molto lontani dalla città, e penso sia uno dei punti di forza della zona» confermò Cooper.

«Per me è sempre stato un luogo magico» disse Taylor, senza menzionare il fantasma del cottage.

«A volte abbiamo bisogno di un luogo magico, o di una persona speciale per riequilibrare la nostra vita.» GG fissò per un attimo un punto in lontananza, per poi tornare a guardarli.

«Mi racconti di cosa fa a New York» disse poi. «È da un bel po' che non torno in città.»

«Be', come sa lavoro come editor per le Edizioni Pritchard. È il lavoro che ho sempre sognato. Sono cresciuto tra i libri e sono sempre stati il mio luogo di fuga, fin da quando ero bambino.»

GG rivolse uno sguardo pungente a Taylor. «Come qualcuno di nostra conoscenza.»

«Io pensavo di voler fare l'insegnante, ma dopo essermi laureata per poter insegnare, ho deciso invece che avrei scritto» disse lei. «In realtà, è successo quando ho vinto un concorso per racconti.»

«Lei scrive romanzi?» chiese GG a Cooper.

«No. Ci ho provato una volta e ho capito che, per quanto sia un eccellente editor, non ho dentro di me quelle storie che ti rendono un vero scrittore. Non mi vergogno ad ammetterlo.» Così dicendo strizzò l'occhio a Taylor, che avvertì un'ondata di calore sulle guance.

«Da quel che ho capito, ha intenzione di ripartire domani, ma tornerà per la festa del 4 luglio» sorrise GG.

Cooper abbassò gli occhi sul tappeto per poi risollevare la testa e lanciare una rapida occhiata a Taylor. «Se tornerò dipende da Taylor.»

«Ah sì?» GG spostò lo sguardo su Taylor, che si sentì di colpo a disagio.

«Vedremo» rispose, chiedendosi perché mai avesse accettato di portare lì Cooper. Era stato piacevole per certi versi, ma imbarazzante.

«Sono contenta che abbiamo avuto queste splendide giornate» disse la nonna. «Spero che il tempo si mantenga bello anche al suo ritorno.»

«Anch'io. Di norma, festeggio sulla spiaggia di Long Island. Sarebbe una novità per me.»

Chiacchierarono dei festeggiamenti del 4 luglio in passato, e quando Taylor ebbe l'impressione che la nonna fosse stanca si alzò. «Sarà meglio andare, ora. So che qui cenate presto, e voglio lasciarti un po' di tempo per riposare.»

Si alzarono tutti in piedi.

GG strinse la mano a Cooper e poi lo guardò seria. «È stato un piacere conoscerla. Forse ci rivedremo a Lilac Lake.»

Cooper le rivolse un sorriso caldo. «Grazie. Mi piacerebbe.»

Taylor strinse forte GG. «Grazie, per essere sempre al mio fianco» le sussurrò all'orecchio.

«Più avanti faremo due chiacchiere» rispose lei,

stringendola a sua volta.

Taylor e Cooper uscirono dall'edificio senza parlare.

Dopo che lui fu salito in auto, si voltò a guardarla. «Mi piace tua nonna. È una che non le manda a dire.»

Taylor ridacchiò. «Di sicuro non te l'avrebbe mai fatta passare liscia per aver osato criticarmi.»

«È giusto. Mi ha fatto pensare a un sacco di cose.»

Attese che lui dicesse di più, ma Cooper si limitò a guardare fuori dal finestrino, anche dopo che furono ripartiti.

CAPITOLO 13
TAYLOR

Quella sera, Taylor arrivò da Jake insieme a Whitney, che solo all'ultimo aveva deciso di accompagnarla. Nessuno sapeva bene cosa fosse successo a Los Angeles tra lei e il suo co-protagonista. Taylor sapeva solo che aveva deciso di riflettere sulla propria carriera e su tutta la propria vita. Aveva fatto voto di aiutarla in ogni modo possibile. A volte aveva invidiato la capacità della sorella di sentirsi subito a proprio agio con le persone e riteneva che per lei fosse più importante che mai stare insieme agli altri, invece che nascosta in casa.

Quando entrò nel locale al suo fianco, sapeva che tutti gli occhi sarebbero stati puntati su di lei, ma non le dispiaceva. Era venuta per divertirsi. Una volta che Cooper fosse ripartito, avrebbe avuto tempo per stare da sola e pensare al proprio futuro di scrittrice. Come aveva già considerato, anche il self-publishing era un'alternativa valida.

Il suo entusiasmo si raffreddò bruscamente quando vide Cooper al bancone che parlava con JoEllen Daniels. L'ex cognata di Brad era alta, magra, bionda e molto attraente. La sua caparbia intenzione di sposare Brad, dopo la morte della sorella, li aveva fatti tutti arrabbiare. Persino ora, le sfuggì uno sbuffo disgustato trovandola lì. JoEllen era praticamente incollata a Cooper. A suo merito, si doveva dire che lui non ne sembrava contento, ma non fece alcuno sforzo per prendere le distanze da lei, mentre Taylor li raggiungeva.

«Ciao» lo salutò, ignorando JoEllen.

Lui fece un passo indietro. «Voi due vi conoscete? JoEllen mi stava raccontando che lavora come aiuto infermiera a Woodlands.»

Taylor le sorrise freddamente. «Sì, certo. Ma ho appena visto qualcuno che vorrei presentarti. Credo ti farà piacere conoscere Ross Roberts.»

«Ross Roberts è qui?» Gli occhi di Cooper si illuminarono. «È stato un piacere» disse a JoEllen.

«Aspetterò qui il tuo ritorno» gli sorrise lei, giocherellando con una ciocca di capelli che le sfioravano le spalle.

Lui le fece un cenno di saluto e seguì Taylor verso un angolo del locale, in cui sedeva Ross Roberts insieme a quattro altri ragazzi che indossavano tutti cappellini da baseball di diverse squadre.

Quando lui li vide arrivare, li salutò con un cenno e si alzò. «Ciao, Taylor. Mi hanno detto che stavi lavorando con il tuo editor.» Si rivolse quindi a Cooper. «Piacere, Ross Roberts.»

Le guance di Cooper diventarono rosa intenso, mentre gli stringeva la mano. «Sono un tuo fan di lunga data. Come va la gamba?»

«Sempre troppo acciaccata per giocarci, ma grazie per aver chiesto.»

«Lui è Cooper Walker» intervenne Taylor. «Lavora per la mia casa editrice. È una faccenda complicata.» Ancora doveva pensarci bene, se avrebbero o meno potuto lavorare insieme. Anche se era un bravo ragazzo, non voleva dire che fosse l'editor adatto a lei.

«Vi va di unirvi a noi? C'è posto» disse Ross.

Taylor guardò Cooper di sottecchi. Era la faccia della gioia. Annuì. «Volentieri.»

Due dei ragazzi che sedevano all'ampio tavolo rotondo si alzarono salutando e se ne andarono, lasciando un sacco di spazio per lei e Cooper.

Quando Taylor individuò Whitney da sola, si alzò e la raggiunse per portarla al tavolo.

«Ehi, vi presento mia sorella, Whitney.»

Il modo in cui tutti gli uomini presenti sgranarono gli occhi fece sorridere Taylor.

«Whitney di *Hopefuls*?» disse un giovane che non aveva mai visto prima.

«Preferirei Whitney di Lilac Lake.» Sorrise a Ross. «So che tu di certo capirai.»

«Naturale» rispose lui, tendendole la mano. «Piacere, Ross Roberts, e loro sono Ben Gooding e Mike Dawson, amici di New York. Ho raccontato loro della casa che ho preso qui e sono venuti a dare un'occhiata alla zona.»

«Mia sorella Dani ne sarà felice» intervenne Taylor. «È fidanzata con uno dei costruttori.»

Ben e Mike spostarono le sedie in modo da far spazio a Whitney.

Arrivò una cameriera a prendere le ordinazioni e poi la conversazione virò sul baseball. Cooper partecipò ai discorsi, dimostrando di saperne molto di giocatori e di gioco.

A un certo punto, JoEllen si avvicinò al loro tavolo. «Ciao. Posso unirmi a voi? Sono in pratica di famiglia, con Whitney e Taylor.»

«Non proprio» mormorò quest'ultima, mentre Whitney si limitava ad alzare gli occhi al cielo.

Ma Ben si era già spostato per farle posto.

Dopo aver cenato e bevuto qualcosa, Taylor si alzò. «È stato bello vedervi, ma per me è ora di tornare a casa. Ho promesso a Crystal di aiutarla alla caffetteria domani mattina, così sarò pronta per il fine settimana del 4 luglio, se avesse bisogno di me.»

«Vengo con te.» Cooper si rimise in piedi.

Lei sostenne il suo sguardo. «Va bene, ma è una serata così bella che io e Whitney siamo venute a piedi.»

«Perfetto, farò due passi con te.»

Whitney la salutò con la mano. «Tra poco arrivo anch'io.» Poi aggrottò la fronte, quando JoEllen conquistò la sedia lasciata libera da Cooper, avvicinandosi a Ben.

Mentre si dirigevano verso l'uscita, Taylor guardò Cooper. «Sei sicuro di voler andare?»

«Sicurissimo. Voglio salutarti con calma. Domani mattina partirò presto per prendere il mio volo per New York.»

«Va bene. Non abito così lontana, ma ci darà comunque del tempo per parlare.»

Iniziarono a camminare fianco a fianco, attraversando il centro città e passando accanto ai turisti che scrutavano nelle vetrine o entravano e uscivano dai ristoranti locali.

«È valsa la pena di venire fin qui» disse Cooper. «È stata una visita produttiva, spero.» La guardò di sottecchi.

«Non ho ancora preso una decisione» chiarì lei. «Ho molto a cui pensare. Ma sarai il primo a saperlo, quando avrò deciso. So bene che è difficile restare appesi a una risposta, ma io ho davvero bisogno di capire cosa voglio fare.»

Uscirono dal centro, diretti verso il grazioso quartiere in cui Taylor e sorelle avevano preso in affitto la casa.

Passeggiando accanto agli edifici in stile Cape Cod, con i loro steccati di legno bianco o alle più ampie ville vittoriane con abbaini, rivestimenti in scandole colorate e altre finiture degne di casette di marzapane, sembrava di trovarsi in un film Hallmark.

Quando arrivarono di fronte a casa, Taylor si voltò verso Cooper. «Fa caldissimo stasera. Vuoi entrare a bere un sorso d'acqua? Se vuoi, poi posso riaccompagnarti in macchina.»

«Non c'è bisogno che mi riaccompagni, ma riguardo al dissetarmi non chiedo di meglio» rispose Cooper. La seguì dentro casa e sorrise quando Mindy corse verso di lui abbaiando e scodinzolando in modo frenetico. Si chinò a coccolarla.

Taylor aprì il frigorifero e tirò fuori una brocca di limonata. «Preferisci questa? È limonata fatta in casa, secondo la ricetta speciale di GG.»

«Dev'essere deliziosa.»

Taylor ne versò un bicchiere per entrambi.

Cooper ne bevette un sorso, poi posò il bicchiere e le si avvicinò. «Voglio che tu sappia che mi ha fatto davvero piacere conoscerti. Quel che provo non ha niente a che vedere con il lavoro, e così dovrebbe essere. Non è mai saggio mischiare gli affari con il piacere.» Le sorrise.

Lei sollevò la testa e rimasero a fissarsi negli occhi.

Il cuore di Taylor perse un colpo. Stava forse per baciarla?

Lo vide chinarsi verso di lei, chiuse gli occhi in attesa del bacio e trasalì quando le labbra di lui si posarono sulla sua guancia. Arrossì furiosamente e fece un passo indietro, sentendosi un'idiota.

«Grazie di tutto» disse lui. «Spero che potremo continuare a lavorare insieme.»

«Avrai presto mie notizie.»

«Ci vediamo la prossima settimana, spero.» Dopo aver buttato giù un altro lungo sorso di limonata, lasciò uscire un profondo sospiro. «Grazie ancora.»

«Ti accompagno.» Prese in braccio Mindy per mettere in chiaro che non si aspettava altri baci.

Sulla porta, lui si voltò a guardarla con quegli occhi nocciola che viravano verso un verde caldo. Lo sguardo scese sulle sue labbra.

Lei trattenne il fiato.

Mindy si agitò tra le sue braccia.

Cooper allungò una mano per carezzare la cagnolina e per sbaglio le sfiorò il seno.

Lo vide arrossire. «Perdonami. Buona notte.»

Taylor rimase a osservare il suo bel culo che si allontanava, chiedendosi cosa era appena successo. Era la sua immaginazione, oppure lui non era quel Casanova che lei aveva immaginato? Le era sembrato incerto quanto lei su come muoversi, anche per un semplice bacio.

Riavvolse tutta la scena nella mente per poi decidere che non era importante. Lui non voleva mescolare affari e piacere, e lei non era sicura di voler lavorare con lui.

CAPITOLO 14
WHITNEY

Whitney, seduta al tavolo di Jake con gli altri, si sforzò di concentrarsi sulla conversazione. Continuava a paragonare quella serata con le molte trascorse insieme a colleghi attori in locali di tendenza, impregnati dello sfavillio di Hollywood e di chiacchiere superficiali.

Ross le sorrise. «Un bel cambiamento dalla vita a cui eri abituata, vero?» Sembrava averle letto nel pensiero.

«È molto diverso, ma mi fa bene» gli rispose. «Molto di quello che scrivono i giornali sulle celebrità di Hollywood è un'esagerazione. L'ultimo anno è stato difficile.»

«Oh sì, posso capire. Dopo un po' tutta quella esposizione ti dà motivo di dubitare di te stesso e di quello che stai facendo. Quando è venuto fuori che non avrei più potuto giocare a baseball, ero circondato da una folla di giornalisti che mi seppellivano di domande per le quali non avevo una risposta. Non avrei saputo dire nemmeno alla mia famiglia cosa avrei fatto della mia vita, perché non ne avevo idea, semplicemente.»

«Forse sto facendo progressi, da quel punto di vista. Taylor mi ha suggerito che potrei organizzare un gruppo teatrale di bambini. Almeno per quest'estate. Mi sto muovendo per riuscirci.»

Ross la guardò ammirato. «Se ti serve uno sponsor, non hai che da dirlo.»

«Apprezzo l'offerta.» Whitney gli sorrise.

«Ehi, Ross, che programmi hai per la serata?» disse Ben. «Io e Mike pensiamo di andare in un posto che si chiama Stan.

C'è una band che suona. Vieni anche tu?»

Ross si voltò verso Whitney. «Sei dei nostri?»

Lei prese un bel respiro per darsi il tempo di pensarci su. «Perché no? Sembra divertente.»

«Okay, poi ti riaccompagno a casa io» disse Ross. «So che non sei venuta in macchina.»

«Molto gentile, grazie.» Pur mostrandosi amichevole, Ross non aveva fatto nulla per farla sentire a disagio. E lei lo trovava molto attraente, con quel sorriso che aveva già ammirato nelle pubblicità in TV.

Il potente motore dell'auto sportiva grigia metallizzata ruggì quando uscirono dal parcheggio di Jake. Whitney osservò Ross che guidava sicuro, ma senza ostentare la prestanza del mezzo, per quanto fosse ovvio che gli piaceva. Era anche una scelta saggia, dato che la strada si faceva sempre più stretta mentre lasciavano la città in direzione di Stan.

Quando si fermarono nel parcheggio, Whitney fissò l'edificio di legno a un solo piano, situato sulla riva di un ruscello e la mente la riportò a quando ci era venuta con Nick e altri ragazzini della sua età. Oltre a essere noto per gli eccellenti astici e i frutti di mare, Stan era anche conosciuto per dare spazio alle band locali, in inverno solo nei fine settimana, e tutte le sere in estate. Quella sera, un manifesto sulla porta annunciava un cantante locale di genere country. Musica per l'anima, così l'aveva sempre definita, anche se questo la faceva sembrare vecchio stile, rispetto a chi preferiva il rock. Ma lei da adolescente aveva vinto un contest cantando proprio un pezzo country.

Attese che Ross facesse il giro dell'auto per aprirle la portiera.

Grata della mano che le offriva, Whitney scivolò fuori dal

sedile, si raddrizzò e ondeggiò un attimo per ritrovare l'equilibrio. Ross le tenne saldamente una mano sul braccio e sorrise. «Attenzione. Mi dimentico sempre di quanto sia difficile per i passeggeri scendere da quest'auto.»

«Soprattutto farlo con grazia.» Whitney rise della propria goffaggine.

All'interno, il bancone del bar costeggiava un'intera parete, con i suoi sgabelli alti. C'erano poi dei tavoli coperti da tovaglie di plastica a scacchi bianchi e rossi, di fronte a una pedana rialzata che fungeva da piccolo palco.

Un duo country composto da un uomo e una donna stava accordando le chitarre e provando il microfono, in attesa di esibirsi.

Whitney aveva sempre amato cantare e ballare e non si stancava mai di ascoltare musica. Si calcò in testa il suo berretto da baseball, cercando di non dare nell'occhio e si diresse verso un tavolo sul fondo.

Ross le si sedette accanto e le bisbigliò all'orecchio: «Devo regalarti un cappellino come si deve. Non puoi starmi seduta vicina con questo dei Red Sox.»

Lei scoppiò a ridere. «GG ci portava alle partite dei Red Sox, quando eravamo piccole. Dopo essere stata al Fenway Park sei fregata. Sarai una loro tifosa per sempre.»

Ross sogghignò. «Non penso proprio.»

Una cameriera si avvicinò al loro tavolo. «Cosa vi porto?»

Ross si voltò verso di lei.

«Un'acqua tonica con una fettina di limone, per favore.» La birra la tentava, ma non poteva permettersi di abituarsi ad accumulare calorie così.

«Per me una delle vostre IPA alla spina» disse Ross.

La cameriera squadrò Whitney un minuto più del necessario.

Lei si sistemò meglio il cappellino e sospirò. Era grata del proprio successo, ma si era stancata di essere costantemente sotto esame, tanto per quanto riguardava il suo aspetto che per le sue scelte.

«Se non ti senti a tuo agio, possiamo andare via» disse Ross.

«Grazie, ma prima o poi la gente scoprirà che vivo qui. Posso anche smettere di combattere.» Così dicendo sollevò il cappellino sulla testa e gli sorrise. «In ogni caso, quando sono in tua compagnia, la gente fa meno caso a me.»

Lui scoppiò a ridere. «Si stanno abituando a vedermi qui attorno, non faccio più sensazione.»

La cameriera tornò e posò la sua tonica sul tavolo. «Ecco a te, Whitney.»

Lei e Ross si guardarono e scoppiarono a ridere.

Mentre la coppia sul palco si esibiva, Whitney cominciò a rilassarsi e a seguire i pezzi a bocca chiusa, ripensando ai tempi in cui era così ansiosa di avere successo.

Alla fine della canzone, l'uomo sul palco prese il microfono. «Mi dicono che abbiamo una cantante famosa in sala. Whitney Gilford, vieni a cantare un pezzo con noi.»

I clienti del locale cominciarono a guardarsi attorno mormorando.

«Va' e divertiti» disse Ross, invitandola ad alzarsi.

Whitney si mise in piedi e attraversò il locale verso il palco, insolitamente nervosa. Ma, non appena il pubblico la riconobbe, cominciarono tutti ad applaudire e a chiamarla per nome.

Lei e il duo scelsero una canzone che conoscevano tutti. Poco dopo, Whitney stava cantando uno dei suoi pezzi preferiti, che parlava di ritrovare l'amore.

Anche se la gente avrebbe voluto che si esibisse ancora, declinò con educazione. Non voleva rubare il palco alla coppia di cantanti.

Quando tornò al tavolo, Ross le rivolse un grande sorriso. «Sei stata bravissima. Adesso puoi rilassarti e divertirti.»

Gli sorrise. Era esattamente quello che voleva fare. Anche se, dopo Zane, non aveva nessuna voglia di avere una relazione, Ross la faceva sentire a proprio agio.

CAPITOLO 15
DANI

Un paio di giorni dopo, Dani era seduta con le sue sorelle fuori sul patio della loro casa, ansiosa di discutere del budget per i mobili e di altri costi non coperti dai fondi messi a disposizione da GG per la ristrutturazione del cottage. Anche se le spese di ristrutturazione erano coperte, i mobili e gli accessori non erano inclusi. Inoltre, se avessero sforato dal budget, avrebbero comunque dovuto metterci qualcosa da parte loro.

«Devo sapere quanto siete disposte a investire nel progetto. Guadagnate entrambe più di me, ma ho messo da parte un bel gruzzoletto, quindi posso fare la mia parte.»

«La vera domanda è: chi di noi andrà ad abitarci? Tu, Dani, di certo andrai a vivere nella casa di Brad, no?» le chiese Whitney.

«In realtà, stiamo pensando di costruirci una casa ai Meadows» annunciò Dani, incapace di nascondere l'entusiasmo. «Quella di Brad è fantastica, ma in qualche maniera è ancora la casa di Patti. Vorremmo regalarci un nuovo inizio.»

«È una notizia meravigliosa» commentò Taylor. «Mi chiedevo come sarebbe stato per te, vivere in un posto così pieno di ricordi di loro due. Per quanto mi riguarda, posso andare e venire come mi pare, mi basta un angolo dove scrivere. Sono disponibile ad abitare nel cottage per i sei mesi richiesti, se necessario.»

«Io vorrei vivere nel cottage più tempo possibile» dichiarò Whitney. «Il mio futuro è ancora molto nebuloso. Ma sto pensando che potrei restare a Lilac Lake, finché non salta fuori una parte adatta a me, e poi spostarmi sul luogo della produzione, a quel punto, ovunque sia.»

«Va bene. Quindi siamo fiduciose di poter mantenere la promessa dei sei mesi l'anno?» Vedendole annuire, Dani riprese. «Una di noi dovrebbe raccogliere qualche idea su come vogliamo arredare il cottage. Io ho messo da parte il tavolo da pranzo e le sedie ma, se decidiamo che non li vogliamo usare, possiamo sempre venderli.»

«A me piacerebbe occuparmi dell'arredamento» disse Whitney. «A voi sta bene?»

«Sì.» Per Dani era un sollievo non doverci pensare lei. Aveva promesso di passare più tempo a dare una mano all'azienda agricola dei Collister.

«Dobbiamo metterci d'accordo sull'aspetto generale» continuò Whitney. «Vi farò vedere qualche esempio di stili diversi, da prendere in considerazione.»

Dani sorrise. Sapeva che non sarebbe andata sempre così liscia. Si sarebbe adattata a tutto, perché i progressi al cottage erano più lenti di quanto avesse sperato. Brad non vedeva l'ora di cominciare a organizzare il loro matrimonio, per regolarizzare la loro relazione, ma lei non riusciva nemmeno a immaginarlo, al momento. Non finché non avesse ultimato sia la ristrutturazione del cottage che il progetto nel Rhode Island.

CAPITOLO 16
TAYLOR

Taylor uscì dalla sua camera e scese al piano di sotto. La casa era vuota. Lasciò un biglietto sul bancone della cucina per informare le sue sorelle di dov'era diretta e uscì. Quando aveva bisogno di indagare nella propria anima, riusciva a pensare solo a un posto.

Quando si fermò nel vialetto del cottage, fu lieta di vedere che c'erano già i furgoni dell'idraulico e dell'elettricista. Se c'erano altre persone non aveva paura.

Passò di fronte alla casa, diretta al masso piatto, dove avrebbe potuto ponderare le scelte che le si aprivano davanti. Sapeva di essere testarda, a volte, ma non era una sciocca. Aver attirato l'interesse di Grace Pritchard le faceva paura e piacere allo stesso tempo.

Sopra alla roccia, si sedette a osservare un ragazzino che solcava la superficie del lago con il suo Sunfish, come se avesse delle ali sotto allo scafo. Ripensò a quando lei e le sue sorelle facevano lo stesso. Aveva sempre la sensazione di volare, mentre pattinava sull'acqua al timone della piccola imbarcazione. Quel ragazzo, lo scafo giallo della barca e la vela a righe bianche e rosse le fecero pensare a una farfalla con le ali spiegate, che si faceva trasportare dal vento.

Si allungò sulla superficie della roccia, calda di sole, e lasciò vagare i pensieri. L'idea di lavorare con Cooper la preoccupava, eppure non poteva negare di sentirsi attratta da lui. Avrebbe voluto essere stata più aperta alle relazioni, in passato, così da essere più sicura di sé quando avrebbe dovuto discutere con lui di romanticismo, amore e delle reazioni dei suoi personaggi. Cooper avrebbe capito in fretta che la sua critica era giustificata. Quanto sarebbe stato imbarazzante?

Ma forse, se avessero superato quello scoglio, avrebbero potuto lavorare insieme. Le era sembrato che lui ci tenesse davvero. Ripensò a quando si erano seduti su quella roccia insieme e a come erano riusciti ad aprirsi, l'uno con l'altra.

Abbandonò il masso piatto e risalì per la collinetta, fermandosi un attimo a osservare il cottage. Come avevano detto tutti, la struttura della casa era buona. Sarebbe stata spettacolare, una volta rimessa a nuovo. Per allora, si sperava, avrebbero risolto la questione del fantasma.

Di nuovo a casa, Taylor si mise davanti al computer a studiare per l'ennesima volta l'e-mail che le aveva spedito Thompson C. Walker, prima di essere Cooper. Il fatto di conoscere l'uomo dietro quella firma rendeva le sue parole dure meno personali. Ma, per quanto potessero entrambi mostrarsi collaborativi, non avrebbe mai dimenticato quanto quella critica l'aveva ferita. Avrebbe dovuto fissare delle regole di base, per poter lavorare con lui.

Il cellulare squillò. *Cooper.*

«Ciao.»

«Hai preso una decisione? Io ci tengo davvero a far funzionare meglio il tuo libro, quindi spero che la tua risposta sia un sì.»

Taylor sospirò. Sapeva di non aver mai avuto una vera scelta. «Torna qui. Lavoreremo sulle nostre divergenze.»

«Va bene. Mi organizzo e ti faccio sapere quando arrivo.»

«Dove pensi di soggiornare? È tutto pieno, per la festa del 4 luglio. Trovare una stanza potrebbe essere difficile.»

«Non c'è problema. La tua amica JoEllen mi ha dato il suo numero, l'altra volta, e mi ha parlato delle River Run Cabins, dove abita lei. L'ho contattata e lei è riuscita a trovarmi una casetta. Uno degli altri affittuari non la usa ed è disposto a subaffittarmela.»

Taylor sbatté le palpebre per la sorpresa. *JoEllen gli aveva dato il suo numero?* Aveva fatto lo stesso anche con Ross, che l'aveva confidato a Whitney. Quella donna non perdeva tempo, con qualunque giovane uomo le arrivasse a tiro.

«Un'ottima cosa, allora» si limitò a dire. «Quanto tempo ritieni che impiegheremo, per portare a termine il lavoro?»

«Dipende. Mi hanno detto che dobbiamo finire l'editing su questo libro e impostare il prossimo.»

«Cercheremo di fare in fretta allora, così potrai tornare a New York. So che ti piace di più vivere nella metropoli.»

«Penso che funzionerà» rispose Cooper. «Partirò domani, in macchina. Non vedo l'ora di avere un assaggio di provincia americana, con le celebrazioni a Lilac Lake.»

«Sarà divertente, vedrai. Promettimi solo che non ci metteremo al lavoro durante le feste. È da sempre uno dei miei periodi preferiti.»

«Siamo d'accordo. Ti chiamo appena arrivo.»

«Fai buon viaggio. Troverai più traffico del solito, un sacco di gente si sposterà verso la regione dei Laghi, oppure verso le spiagge della costa meridionale del Maine.»

«D'accordo, a presto.»

Taylor non poté fare a meno di chiedersi se davvero sarebbero riusciti a lavorare e vivere nella stessa cittadina.

Più tardi, dopo che furono rientrate anche Dani e Whitney, si accomodarono tutte e tre sul patio, sotto il nuovo ombrellone che aveva comprato Whitney per ripararsi dal sole.

Dopo averle aggiornate sui nuovi accordi lavorativi con Cooper, Taylor sbuffò. «JoEllen gli ha trovato una casa in affitto alle River Run Cabins. Pare che gli avesse dato il suo contatto, quando è stato qui, l'altra volta.»

Dani emise un gemito sconsolato. «JoEllen è determinata a trovarsi un uomo e stabilirsi qui. Forse ha capito che Brad non la sposerà mai, ma si è fatta l'idea fantasiosa che uno degli scapoli della città si farà avanti. Per quanto mi riguarda, sarà sempre una spina nel fianco. Continua a chiedere a Brad di aiutarla a sistemare delle cose nel suo bungalow. Prima una finestra bloccata, poi le serve una scala per arrivare in cima a un armadio, cose così. Non penso che si sia ancora rassegnata con lui. È come se volesse quello che era stato di sua sorella.»

«Forse comincia a disperare, dato che è da sola e non frequenta nessuno in modo serio. Specie se vuole una famiglia» disse Whitney.

«Almeno, se si mette con Cooper, lascerà la città» intervenne Dani.

Taylor si irrigidì. Il pensiero di JoEllen insieme a Cooper le attorcigliò lo stomaco.

Whitney si alzò. «Forza, sorelline care. È ora di andare in centro a dare una mano con le decorazioni.»

Ogni anno, Bob Bullard, titolare del piccolo negozio di ferramenta in città, organizzava un gruppo di volontari per legare bandierine americane ai lampioni decorativi, insieme a nastri rossi, bianchi e blu, mentre i pompieri appendevano striscioni da un lato all'altro della strada. Crystal aveva iscritto tutte e tre nel gruppo di volontari.

Taylor era ben felice di collaborare alle celebrazioni. Da bambina adorava tutte le feste comandate e non aveva ancora smesso di farlo. Ma il 4 luglio, in particolare, era la sua seconda ricorrenza preferita, dopo il Natale. Festeggiare a Lilac Lake, vicino ai teatri di così tante battaglie per l'indipendenza, faceva sembrare la celebrazione ancora più autentica.

Dopo che ebbero finito di sistemare le bandierine sui pali

della luce, ne piazzarono altre nei vasi di fiori accanto alle vetrine dei negozi e delle varie attività. La parata si sarebbe svolta solo il 4, ma i giorni precedenti erano densi di altri eventi all'aperto, come il concerto annuale delle bande scolastiche sul prato della Chiesa Congregazionale, in fondo a Main Street. Era un'occasione di orgoglio per i membri delle bande, e anche un momento di festa per le famiglie riunite insieme.

«Non so voi,» esordì Dani «ma io propongo di pranzare alla caffetteria.»

Taylor, che era in piedi da quella mattina presto con una tazza di caffè e una fetta di pane tostato, era più che pronta. «Un'idea deliziosa. Poi farò un salto a trovare GG.»

«Mi spiace, ma non posso farvi compagnia» intervenne Whitney. «Devo pranzare con Angelica Hammond, al Centro Ricreativo Cittadino, per parlare del teatro per i bambini.»

«Buona fortuna, allora.» Taylor era felice che la sorella avesse accolto il suo suggerimento.

«Sarà un pranzo veloce» disse Dani. «Voglio andare a vedere come procedono i lavori al cottage e poi ho appuntamento ai Meadows per parlare con un futuro acquirente delle modifiche ai progetti che vorrebbe apportare.»

«Ti stai davvero integrando nella tua nuova vita a Lilac Lake» commentò Taylor. «Sono felice che le cose ti stiano andando così bene.»

«Grazie.» Dani le sorrise. «A volte ho la tentazione di darmi un pizzicotto, per assicurarmi che non sia tutto un sogno.»

«Tu e Brad avete capito dal primo istante che eravate destinati a stare insieme... è così romantico» sospirò Taylor.

«Siamo stati fortunati, ma non è facile prendere il posto di qualcun altro. Non che Brad faccia qualcosa per sottolinearlo.

Ma il suo amore per Patti sarà sempre parte della nostra relazione.»

«Mmh... non ci avevo riflettuto da questo punto di vista. Ma hai ragione, e questo rende tutto ancora più dolce.» Scosse la testa. «Ho un sacco da imparare sulle relazioni.»

Dani la strinse in un rapido abbraccio. «Non è difficile. Basta che tu segua il tuo cuore. Se è destino, andrà bene.»

«Immagino sia così. Devo solo sopravvivere a queste future settimane di lavoro con Cooper. Poi potrò concentrarmi a conoscere gente nuova e divertirmi.»

La caffetteria era affollata, come al solito. L'eccitazione per gli imminenti festeggiamenti si respirava nell'aria, insieme alle chiacchiere dei gruppi di volontari che avevano lavorato insieme alle decorazioni per poi riunirsi lì per godersi un po' di vita sociale e dell'ottimo cibo.

Cristal si limitò a salutarle con la mano, quando le vide passare, dirette verso il dehors, troppo impegnata per fare di più.

Una volta trovato posto fuori, ordinarono da mangiare e poi si misero comode a osservare il movimento frenetico delle persone tutt'attorno.

«Devo dire che la città così addobbata ne fa il perfetto scenario per le vacanze. Ti ricordi quando Whitney è stata nominata principessa della parata?» chiese Taylor.

Dani scoppiò a ridere. «Aveva solo dieci anni, ma penso che sapesse già che per lei era l'inizio di una carriera. Non si è più tolta quella corona finché GG ha dovuto chiederle di lasciarla in camera.»

«Mi spiace tanto che abbia passato un momento così duro negli ultimi tempi, ma è un sollievo vedere che si sta rimettendo in sesto.»

«Come ripete sempre GG, mai sottovalutare le ragazze Gilford.»

Taylor sorrise e poi si voltò vedendo Nick che usciva con un vassoio in mano e si guardava attorno. Gli fece un cenno con la mano. «Puoi unirti a noi, se vuoi. Non staremo tanto, ma ci fa piacere condividere il tavolo.»

Lui sorrise. «Grazie. Non mi fermo molto nemmeno io. Le festività sono divertenti per tutti gli altri, ma per noi vogliono dire doppio lavoro.»

«Siamo grate a te a ai tuoi agenti» disse Dani.

Arrivarono anche i loro piatti e calò il silenzio, mentre tutti si concentravano sul cibo.

Prima che Taylor e Dani avessero finito di mangiare, il cellulare di Nick vibrò e lui scattò in piedi. «Grazie mille per l'ospitalità. Scusatemi se devo scappare, ma devo controllare una cosa.»

Dopo che se ne fu andato, Taylor non riuscì a trattenere un sospiro. «Giuro che lo metterò nel mio prossimo libro. Se ho mai incontrato un eroe, quello è Nick.»

Dani sogghignò. «È il poliziotto più sexy che abbia mai visto. Con quei capelli scuri, gli occhi azzurro cielo e il corpo scolpito, sarebbe perfetto nei panni dell'eroe, in qualunque storia.»

Finirono di mangiare e uscirono dalla caffetteria.

«Ci vediamo dopo, ora vado da GG» disse Taylor. Tornò al parcheggio pubblico, prese l'auto e guidò fino a Woodlands, eccitata all'idea di vedere la nonna. GG era insuperabile quando si trattava di dare consigli.

Taylor si affrettò lungo il corridoio verso la camera di GG con un senso di impazienza. Era ansiosa di raccontarle degli ultimi sviluppi nell'editing del suo romanzo. La nonna era sempre stata una sua sostenitrice, dal concepimento delle sue storie fino all'uscita dei libri e oltre. Era stata un po' dura con Cooper l'ultima volta, ma giusta.

Come sempre, quando bussò alla porta di GG, la trovò immersa in un libro.

«Ciao, cara. Entra, forza. Che bello vederti.»

Taylor andò subito a darle un bacio, ripensando alle innumerevoli volte in cui l'aveva fatto.

Quando si sedette accanto alla nonna, i suoi occhi azzurri scintillarono di gioia. «A cosa devo il piacere di questa visita?»

«Dato che sei una delle mie più grandi sostenitrici, volevo aggiornarti sugli ultimi sviluppi. Ho accettato di lavorare al mio libro con Cooper, e anche di mettere giù con lui la scaletta del prossimo. La mia agente non mi ha lasciato molta scelta, voleva che conoscessi meglio Cooper e ho deciso di dargli una chance.»

«Capisco.» GG non aggiunse altro, il che era piuttosto inusuale per lei.

«La mia agente, Dorothy, è amica di Grace Pritchard, la direttrice delle Edizioni Pritchard. Hanno discusso della situazione e hanno deciso che fosse arrivato il momento di risolvere la questione delle sue critiche e di metterci al lavoro. Dorothy mi ha ricordato quanto io sia fortunata ad avere il supporto di Grace Pritchard e quello che potrebbe voler dire per la mia carriera.» Taylor sospirò. «So che ha ragione.»

«E Cooper cosa ne dice?»

«È d'accordo anche lui. In realtà, vuole davvero che la nostra collaborazione sia proficua. Dovrebbe arrivare oggi, non so a che ora. Festeggeremo il 4 luglio e poi ci metteremo all'opera.»

«Mi sembra un piano saggio. Dorothy ha ragione e lo sai. È una meravigliosa opportunità per te.» Il sorriso di GG era gentile. «So che in te c'è una forte vena di indipendenza e che non ti piace che ti si dica cosa fare, ma cerca di fare il possibile perché funzioni. Andrà a tuo vantaggio.»

«Lo farò. Ma sarà umiliante, quando lui capirà che aveva

ragione: non ho mai avuto una relazione forte e profonda. Non ho mai trovato l'uomo giusto per me.»

«È meglio non essere precipitosi in queste decisioni» disse GG. «È proprio come quando ti stai godendo un buon libro; a volte devi saper leggere tra le righe per comprenderlo appieno.»

«Lo so.» Taylor guardò fuori dalla finestra. Era quello il motivo per cui era un tale fallimento quando si trattava di trovare l'amore?

«Buongiorno, signora Wittner» irruppe una voce allegra. «E a te, Taylor. Cosa ci fai qui?»

Taylor fece un sorriso forzato. «La signora Wittner è mia nonna.»

«Ah, be', è una signora adorabile» replicò JoEllen. «Io voglio bene a tutti i miei pazienti. Non è così, signora Wittner?»

GG si sistemò un po' a disagio sulla poltrona, ma rispose con educazione. «Così mi dicono.»

«Taylor, sono così felice di aver potuto conoscere Cooper. Mi ha chiamato, sai, e l'ho aiutato a trovare un alloggio alle River Run Cabins, dove abito io.» Le sorrise a trentadue denti. «Cooper dice che non vede l'ora di passare un po' di tempo con me. Devi ammettere che è un ragazzo piuttosto sexy.»

Taylor cercò di reprimere il senso di nausea all'idea che Cooper si mettesse con una come JoEllen e annuì. Sul fatto che fosse sexy non c'erano dubbi, del resto.

CAPITOLO 17

WHITNEY

Whitney uscì dal suo pranzo di lavoro piuttosto scoraggiata. Se avesse voluto organizzare un gruppo di teatro per bambini in collaborazione con la municipalità, avrebbe dovuto sottostare a così tante regole che non sarebbe mai riuscita a farlo partire.

Angelica le aveva detto che avrebbe potuto affittare l'auditorium del Centro Ricreativo per uno spettacolo serale, sempre che avesse avuto l'approvazione del consiglio. Ma avrebbe dovuto trovare un altro posto per le prove, dato che il Centro era già prenotato per altre attività estive.

Le venne in mente il capannone al deposito di legnami Beckman e decise di andarci. Aveva incontrato Bethany Beckman solo una volta, ma le aveva fatto un'ottima impressione.

Durante il tragitto, pensò che se avesse ottenuto il permesso di usare quello spazio, il carro per la parata del 4 luglio sarebbe stato un ottimo palcoscenico per le prove, una volta rimosse tutte le decorazioni.

Parcheggiò fuori dal negozio di articoli regalo ed entrò.

Bethany le fece un cenno di saluto da dietro il bancone. «Ciao, lieta di rivederti. Mi sono arrivate delle nuove cosette che sarebbero perfette per il cottage.»

Whitney le restituì il saluto e sorrise. «Fantastico. Sono stata incaricata di occuparmi degli arredi, e anche se non è ancora il momento di comprare le cose mi farebbe molto piacere vederle. Devo anche chiederti un favore.»

Bethany passò davanti al bancone e a quel punto la pancia

fu evidente. Con i capelli castani con ciocche schiarite e i begli occhi scuri era molto graziosa e aveva già quella luminosità che a volte circonda le donne incinte.

«Andiamo a parlarne nel mio ufficio. Tra l'altro, ho messo lì altre cose che penso sarebbero perfette per il cottage.»

Whitney la seguì. In un angolo dell'ufficio erano impilati degli scatoloni, sopra un lungo tavolo in un angolo erano disseminati vari campioni, e una delle sedie di fronte alla scrivania era ricoperta di articoli in tessuto, come strofinacci e tovagliette per la colazione.

Bethany si sedette alla scrivania e le sorrise, mentre Whitney prendeva posto su una delle sedie libere di fronte a lei. «Come posso aiutarti?»

Le raccontò la sua idea di organizzare un corso di teatro per bambini e le disse che aveva bisogno di un posto per le prove. «Il capannone in cui viene custodito il carro per la parata è abbastanza grande e potremmo addirittura usare il carro stesso come palcoscenico.»

«Mi piace l'idea di un gruppo teatrale. Dobbiamo solo verificare con la nostra assicurazione se ci sarebbero problemi legali, ma sarò ben felice di sentire il nostro agente e farti sapere.» Bethany le rivolse uno sguardo adorante. «I bambini saranno così fortunati a lavorare con una come te. Io sono una tua fan. Anzi, se devo essere sincera, mi sento un po' frastornata al momento.» Scosse la testa. «Ora esagero, scusa. Lascia che ti mostri alcuni suggerimenti per il cottage.»

Bethany si spostò verso il lungo tavolo coperto di merce impilata o sparsa. «Qui è dove apriamo gli scatoloni per controllare le bolle di accompagnamento. Poi passiamo i documenti a un addetto che lavora qui part-time, che inserisce la merce nel nostro sistema gestionale. Ma ho promesso a Dani che avrei tenuto gli occhi aperti, per cercare cose che potrebbero piacervi.»

Whitney passò in esame strofinacci coordinati, tovagliette, presine e altri oggetti per la cucina e la sala da pranzo. Negli scatoloni sul pavimento c'erano tazze, bicchieri e deliziosi quadretti per la cucina. Per le stoviglie e gli altri utensili di base avrebbe guardato altrove, ma quegli oggetti potevano dare un tocco unico e personale al loro cottage.

Scattò diverse foto con il cellulare e fece una lista delle cose a cui avrebbero potuto essere interessate. «Le farò vedere alle mie sorelle e ti farò sapere. Se piacciono anche a loro inizierò a comprarle, per far loro una sorpresa.»

«Perfetto. Io adoro il mio lavoro, ma Garth mi ucciderà se porto a casa altra roba. Al momento, mi concentro solo sulle cose per il bambino.» Si posò teneramente una mano sulla pancia. «Abbiamo deciso di scoprire in anticipo il sesso. Non riesco a evitare di pensare a quanto sarebbe carino vestire una femminuccia. Vedremo.»

«In ogni caso, so che sarà bellissimo per voi cominciare a essere una famiglia.» Di colpo, avvertì un moto di invidia, di cui fu la prima a sorprendersi. *E questo da dove viene?*

Si abbracciarono e Whitney se ne andò, con la promessa di Bethany di farle sapere per lo spazio per le prove di teatro.

CAPITOLO 18
TAYLOR

Taylor stava lavando i piatti della cena, quando il suo telefono squillò. *Cooper.*

«Ciao, ce l'hai fatta?»

«Sì, sono arrivato un paio d'ore fa, mi sono sistemato e poi ho portato fuori JoEllen a cena per ringraziarla di avermi aiutato a trovare un posto da affittare. Ho visto che il centro è tutto addobbato. Non stavi scherzando quando hai detto che qui si fa sul serio.»

«Saranno un paio di giornate divertenti» disse Taylor. «Per questo noi ci metteremo al lavoro dopo il 4 luglio, se per te va bene.»

«Certo, eravamo già d'accordo. Ti va se ci vediamo domani a colazione? Ho bisogno di un volto amico per prendere confidenza con l'ambiente.»

«Affare fatto. Va bene alla caffetteria, per le nove? Prima penso di fare una passeggiata.»

«Una passeggiata? Ti facevo più tipo da jogging» la punzecchiò.

Taylor rise. «Camminare è più nel mio stile. A passo lento mi viene meglio pensare e sviluppare trame.»

«Va bene, allora. Ci vediamo alla caffetteria alle nove. Se fosse troppo affollata, ti vizierò con un caffè da Beans.»

«Perfetto.» Dopo aver chiuso la chiamata, Taylor rimase per un attimo ferma a scrutare la scena fuori dalla finestra. Il cielo grigio era striato di arancione brillante, come le foglie degli alberi in autunno. Mindy correva su e giù per il giardino abbaiando a una rondine, che a un certo punto si posò su un ramo basso dell'acero a fissarla. Ma Mindy non era tipo da arrendersi, per cui continuò ad abbaiare fino a farla volare via.

Taylor finì di sistemare la cucina a poi raggiunse Whitney seduta fuori sul patio. Avevano discusso delle cose che aveva visto al negozio dei Beckman, e a Taylor piaceva l'idea di ricominciare con cose nuove, in un ambiente diverso dal suo appartamento.

Whitney stava scrivendo un messaggio al cellulare. Quando la vide si bloccò e lasciò uscire un profondo sospiro.

«Che succede?» le chiese. Sua sorella non era più la stessa, da che era tornata dalla California. «Ti va di parlarne?»

«Non ancora, ma grazie. Perché non andiamo a vedere cosa fanno in centro? Ho sentito che da Jake hanno organizzato una festa, nel loro spazio esterno sul retro.»

«Sembra divertente!» Di colpo, anche Taylor sentiva il bisogno di muoversi.

Mentre Taylor e Whitney si avvicinavano al locale, il ritmo incalzante della musica le raggiunse. Taylor fece un ampio sorriso. «Mi sembra di essere tornata ai tempi dell'università. Forza. Andiamo a divertirci!»

Girarono attorno all'edificio, verso lo spazio sul retro. Per l'occasione, il parcheggio era stato sgomberato e lì si stavano esibendo i Mudd Puddles, una band locale.

La piattaforma di legno dietro al locale era piena di gente che si muoveva a tempo di musica con boccali di birra o altri drink in mano. Quelli che erano stati così fortunati da trovare posto a sedere ai margini dell'ampia piattaforma chiacchieravano e ridevano cercando di farsi sentire sopra al volume della musica.

«Per di qua» disse Whitney, prendendo Taylor per il braccio. La guidò su per i gradini, verso un tavolo vicino a una delle porte che si aprivano sul bar.

Aaron Collister si alzò in piedi. «Ciao, venite a sedervi con noi. Stavo tenendo i posti per una coppia di amici, ma hanno appena chiamato per avvisarmi che non riescono a venire.»

Taylor lo ringraziò. Un giorno, Aaron le aveva raccontato che Brad era il suo fratellastro. La madre, di discendenza nativa americana, l'aveva affidato alla famiglia del padre quando aveva dieci anni e lei stava morendo di cancro. Aaron era un tipo alla mano e sotto al fisico tutto muscoli nascondeva un animo gentile. Lo ammirava da sempre.

«I tuoi amici non sanno cosa si perdono» esclamò Whitney, sistemandosi su un alto sgabello da bar. «È uno sballo qui.»

Aaron le sorrise. «Ci sono un sacco di eventi in tutta la regione. Loro sono finiti a un'altra festa, a Portsmouth. Cosa bevete?» Fece un cenno a una cameriera e, dopo un attimo di discussione, ordinò per loro due calici di vino bianco.

La cameriera tornò poco dopo, appoggiò i loro bicchieri e si fermò per un paio di minuti a flirtare con Aaron. Gli amici di Ross, Ben Gooding e Mike Dawson, li videro e si avvicinarono.

«Forte la band, eh?» disse Ben. Aveva giocato a baseball con Ross ai tempi del liceo e al college, nel ruolo del ricevitore, grazie al suo fisico massiccio. Posò lo sguardo su Whitney.

«Come va? È un piacere rivederti.»

Whitney sorrise. «Molto bene. Mi godo un po' di atmosfera locale. Ho sentito che tu e Mike siete ospiti di Ross. Lui dov'è?»

Taylor si illuminò. Whitney aveva passato una bella serata con Ross quella settimana.

«Ross è partito» rispose Mike. «Passerà il fine settimana in barca con altri amici, lungo la costa del Maine. Noi manteniamo il fortino, per così dire.» Mike era un tipo alto e allampanato, con i capelli castani legati in una coda di cavallo.

Era stato un tennista professionista per un breve periodo, ma poi aveva preferito fare l'allenatore.

«Oh, capisco» replicò Whitney.

La nota di delusione nella voce della sorella accese un lampo di curiosità in Taylor. Era così concentrata nella conversazione che non notò Cooper e JoEllen, finché non se li trovò davanti.

«Ciao a tutti» disse allegra JoEllen. «Lui è il mio appuntamento, Cooper Walker.» Sorrise a Mike e Ben. «Che bello rivedervi. Sembra che alla fine abbiate deciso di fermarvi qui.»

Mentre JoEllen continuava a parlare, Taylor la studiò. Era attraente, cordiale, allegra. Ma c'era qualcosa in lei che risultava irritante, a pelle, e non era l'unica a pensarla così.

Cooper le sorrise. «Ciao, Taylor.»

«Ehi, Cooper» intervenne Whitney. «Sono felice che tu sia riuscito a tornare. Immagino che questo voglia dire che ci vedremo spesso, se lavorerai con Taylor.»

Lui sorrise compiaciuto. «Ne verrà fuori il miglior libro di sempre.» Così dicendo le diede un colpetto con il gomito.

Whitney scoppiò a ridere. «Sarà davvero interessante stare a vedere come si metteranno le cose.» Guardò Taylor e le strizzò l'occhio.

Taylor non riuscì a fare a meno di unirsi alla sua risata. Sapeva che non stava parlando solo della loro collaborazione.

JoEllen le guardò torva. «Che succede?»

«Niente» assicurò Whitney. «Ci facciamo solo una risata.»

«Andiamo, Cooper. Ho appena visto una collega là, vicino alla band. Vieni» disse JoEllen.

«Vai pure. Io aspetto qui» replicò lui.

JoEllen si puntò le mani sui fianchi e lo fulminò con lo sguardo. «Ma sei uscito con me, e voglio presentartela.»

Cooper la bloccò con un gesto. «Un attimo. Non siamo

veramente usciti insieme. Ho pensato che mi avessi offerto un passaggio solo per buon vicinato.»

«Tu... tu... che bastardo! Non era niente del genere.» JoEllen era sull'orlo del pianto. Girò sui tacchi e si allontanò a passo di marcia.

Cooper la fissò a bocca aperta e poi si voltò verso di loro. «È la seconda volta che mi si dà del bastardo, da che ho messo piede in città. Che ho fatto di male? Sono solo sincero. Sono qui per fare il mio lavoro.»

«Stai in guardia. JoEllen è come una bomba a orologeria e non vede l'ora di mandare in pezzi la vita di qualcuno» disse Whitney. «Credimi, ho conosciuto altre *drama queen* come lei a Hollywood.»

La mattina dopo, di buon'ora, Taylor camminava per le vie di Lilac Lake godendosi l'aria fresca, il canto allegro degli uccellini e lo spettacolo della città che tornava alla vita, come un gatto pigro che si stiracchiava.

Un vicesceriffo procedeva lentamente lungo la strada, per controllare la situazione. Anche se Taylor non lo conosceva, lo salutò con la mano e lui rispose al saluto.

Ripensò all'incidente tra Cooper e JoEllen della sera prima e si chiese se fosse stato furbo da parte sua venire in città a lavorare insieme a lei sul libro. Qualche volta, era più semplice litigare con qualcuno online, piuttosto che confrontarsi faccia a faccia. Specialmente se si era timidi, come lei. Ma così, che onore c'era nel farlo?

Quando svoltò su Main Street, vide alcuni membri del personale di Jake che spazzavano e raccoglievano della spazzatura tutt'attorno all'edificio. La festa della sera prima era stata piuttosto sfrenata. Molti di quelli che vi avevano preso parte di certo stavano ancora dormendo.

Notò Cooper fermo di fronte alla caffetteria e accelerò il

passo. Non l'aveva visto andare via con JoEllen, la sera prima, e si chiese com'era andato a casa.

«Buongiorno» la salutò lui. «Che bel sole, eh?»

«Vero. Speriamo che resti così anche domani, per la parata.»

«Bisogna dare qualche ultimo ritocco al carro, per caso? Potete contare su di me.»

Taylor scosse la testa. «Non penso, ma puoi domandare a Crystal. Andiamo a prenderci un tavolo, prima che sia troppo tardi.»

Entrarono nel locale e, vedendo che era pieno, si spostarono nel dehors, dove c'era un tavolo libero che li chiamava.

«Perfetto» commentò Taylor. «Mi piace un sacco stare qui a guardare il movimento.»

Sorrise alla cameriera che si avvicinò al loro tavolo. «Caffè, che meraviglia. È proprio quello che mi ci vuole.»

Ordinarono la colazione senza nemmeno guardare il menù e rimasero in silenzio a sorseggiare il loro caffè.

«Non c'è niente come la prima tazza della giornata.» Cooper lasciò uscire un sospiro di piacere.

Taylor ridacchiò del suo sorriso soddisfatto. Anche a lei il caffè faceva quell'effetto, anche se solo di rado se ne concedeva più di una tazza, al mattino.

«Come sei tornato a casa ieri sera?» gli chiese.

«JoEllen era così occupata a cercare di rimorchiare qualcuno che non si è nemmeno accorta che me ne sono andato. Ben e Mike mi hanno dato un passaggio fino alla mia casetta.»

«Mi spiace...» mormorò Taylor.

Lui liquidò le sue scuse con un gesto. «Credimi, ho intenzione di starle alla larga. Whitney ha ragione. JoEllen è una drama queen.»

«Non volevo dirti niente, ma ha cercato di creare problemi anche tra Brad e Dani. Loro non glielo permetteranno di certo, ma il solo pensiero di lei che cerca di mettersi in mezzo è fonte di stress.»

«Ora mi pento di essermi sistemato alle Cabins. È inquietante averla come vicina.» Cooper bevve un sorso di caffè. «Che programmi hai per la giornata?»

«Pensavo di fare un po' la turista e gironzolare tra le varie attività. La Società Storica ha organizzato una mostra di fotografie delle passate edizioni del 4 luglio. Penso che guardarle mi permetterà di comprendere più a fondo la mia nuova città.»

Lui la guardò serio. «Davvero vuoi lasciare New York per trasferirti qui? Non pensi che rinunciare a tutte le attività della Grande Mela lascerà un vuoto enorme nella tua vita?»

«Non sto dicendo che non voglio più tornare a New York e passarci un po' di tempo, ma vorrei che la mia vera casa fosse qui. Almeno per sei mesi l'anno. Ci sono tanti vantaggi.» Anche mentre pronunciava quelle parole pensava a quanto quel luogo la facesse stare bene. Stava lottando per tirare fuori il meglio di sé, la Taylor che non avrebbe più dubitato del suo aspetto o delle sue capacità. C'era qualcosa in Lilac Lake che le dava un senso di stabilità.

«Ti va di avere compagnia?» le chiese Cooper. «Anche a me farebbe piacere conoscere meglio la città, dato che dovrò restare qui per un po'.»

«Certo. E sei anche invitato alla nostra cena di famiglia, stasera. Ma mi sto ancora chiedendo perché per la tua editrice e la mia agente sia così fondamentale che noi due lavoriamo assieme.»

«La tua agente, Dorothy Minton, e mia madre sono amiche da anni. So benissimo che una volta che si mettono in testa che le cose devono andare a modo loro, non c'è niente che io possa dire o fare, e non volevo perdere il mio lavoro.»

«Aspetta un attimo! Tua madre? Mi stai dicendo che Grace Pritchard è tua *madre*?»

Cooper fece una smorfia. «Sì. Nessuno ne fa parola, in ufficio. Lei ha mantenuto il suo cognome da nubile e io sono stato ben attento a non lasciarmelo sfuggire. Lei ha detto che non avrebbe fatto favoritismi, e questa è la ragione per cui con me è doppiamente dura. Sa che ho sempre voluto far parte della casa editrice.»

Taylor sentì un'ondata di rabbia che le risaliva alle guance e fece per alzarsi. *Non mi ha detto che sua madre era l'editrice? Che cavolo ha nella testa?*

«Aspetta!» la fermò lui. «Stammi a sentire.»

Accettò di rimettersi a sedere, ma era pronta ad andarsene da un momento all'altro. La situazione era davvero assurda.

«Ascolta, so che tutto questo è imbarazzante, ma non deve per forza essere così. Tra noi non cambia niente. Tu vuoi continuare a crescere e avere successo come autrice, io non voglio perdere il mio lavoro e voglio continuare ad avere un ruolo nell'azienda di famiglia. Otterremo entrambi quello che vogliamo.»

«Allora, come mai *tua madre* e Dorothy hanno insistito tanto perché lavorassimo insieme qui?» Taylor era confusa e irritata in egual misura.

«Questo non lo so. Forse fa parte di una specie di allenamento alla sensibilità. Tutto quel che so è che non mi hanno dato scelta.» Si allungò a sfiorarle la mano. «Tu mi piaci, Taylor. Sono sicuro che possiamo farcela.»

Un'inattesa emozione attraversò il suo corpo come un'onda. Taylor abbassò lo sguardo sulle loro mani che si toccavano e tirò indietro di colpo la propria. L'ultima cosa che le serviva in quel momento era che tra loro nascesse qualunque sentimento. La situazione era già strana così e, come aveva detto Cooper, il suo interesse era solo quello di avere successo come scrittrice.

La cameriera arrivò con le loro ordinazioni e Taylor accolse con sollievo il pensiero di poter sospendere la conversazione, per il momento. Aveva bisogno di tempo per riflettere, forse avrebbe dovuto stabilire delle regole base tra loro. Ma il pensiero che due persone così importanti nelle loro vite volessero per forza che loro due risolvessero la questione tra loro era demoralizzante. Ripensò a una riflessione che aveva condiviso Cooper, quando le aveva raccontato di aver imparato molto da un'altra autrice, lavorando insieme a lei. Era di questo che si trattava? Lei e Cooper avrebbero dovuto imparare l'uno dall'altra? Se era così, non era per niente sicura di sentirsi pronta per mettere a nudo la propria anima.

CAPITOLO 19
DANI

Dani era ben felice di dare una mano alla bancarella della Fattoria Collister per il fine settimana di festa. Era un modo simpatico per contribuire e al tempo stesso le avrebbe permesso di capire come integrarsi nella famiglia così unita di Brad. I genitori, MaryLou e Joe Collister, l'avevano accolta con calore, quando avevano annunciato il fidanzamento. Il fratello Aaron e le due sorelle, Amy e Becca, l'avevano abbracciata con gioia quando avevano appreso la notizia. Ma lo sforzo quotidiano per cercare di integrarsi le risultava, a tratti, estenuante. Era abituata alla propria indipendenza. Inoltre, cercare di essere all'altezza del ricordo della moglie di Brad, scomparsa prematuramente, rendeva le cose più difficili. Sembrava che lei fosse stata molto brava in cucina e nei lavori di giardinaggio.

«Tu sei nuova qui, vero?» le chiese una donna, mentre sceglieva della verdura fresca per il fine settimana. La cena tradizionale del 4 luglio, nel New England, comprendeva salmone in umido, piselli e patate novelle, per cui quelle verdure andavano via come il pane.

«Sì, sono nuova» ammise Dani. «Conosco bene Lilac Lake però, perché mia nonna è stata per anni la proprietaria della Lilac Lake Inn.»

«Tua nonna è una donna meravigliosa. È un vero peccato che abbia venduto la locanda, ma ho sentito che i nuovi proprietari la renderanno ancora più bella.» Le sorrise. «È un piacere conoscerti e sapere che una parte della famiglia vive ancora in città.»

«Grazie.» Dani non fece menzione delle sorelle. Non spettava a lei raccontare le loro storie.

«Come va, cara? Hai esposto i vasetti di gelatina?» le chiese MaryLou rivolgendole un sorriso radioso.

Dani le sorrise a sua volta. «Certo.»

«Allora sistemiamo l'esposizione dei pomodori» disse MaryLou. «La serra è una benedizione. Abbiamo avuto un ottimo raccolto della varietà "Early Girl."» Sospirò e si asciugò le mani sul grembiule. «Una cosa è coltivare le verdure e un'altra venderle. Ma ogni piccolo aiuto è utile all'azienda agricola.»

Dani non sapeva per certo quanti ettari possedessero, ma ogni angolo di terreno era stato messo a frutto. Si allevavano anche galline e capre, utili per le uova e il latte, che veniva lavorato per farne formaggi per la vendita. Solo Pansy, la maialina nana di MaryLou, faceva la bella vita, senza altre aspettative se non quella di essere adorabile.

L'andirivieni di clienti era costante e teneva occupata Dani. Con quella sua aria di donna semplice e genuina, MaryLou era una venditrice scaltra, e chi veniva a comprare solo un paio di cose se ne andava con le borse piene.

Dani stava per andarsene quando le giunse all'orecchio una frase che una donna venuta ad acquistare piselli, pomodori e patate stava dicendo a un'amica. «Ho sentito che Taylor Castle è venuta ad abitare qui. Adoro i suoi libri. Qualcuno su Facebook ha scritto che si sta trasferendo a Lilac Lake. Un'altra delle sue ammiratrici.»

Dani rimase pietrificata per lo shock, mentre le donne si spostavano verso un'altra bancarella. Taylor era così attenta alla propria privacy. Come avrebbe reagito se tutti avessero saputo che viveva lì?

CAPITOLO 20

TAYLOR

Taylor appoggiò il libro di cucina e fissò Dani.

«Quella donna sapeva che sono qui a Lilac Lake? Come ben sai, tengo un basso profilo su Facebook. Parlo di libri e di argomenti generali, ma non divulgo mai dove mi trovo. Dopo che quello scrittore famoso è stato assassinato da un folle ammiratore, ci sto molto attenta. Più tardi vedrò di scoprire di più su quel post. Ma intanto devo capire come si fa il salmone in umido. Se dobbiamo organizzare una cena di festa, dev'essere deliziosa.»

«Magari possiamo prepararlo insieme» disse Dani. «MaryLou è una cuoca così eccezionale che devo imparare.»

«Sei sicura che a te e Brad non spiaccia festeggiare qui a casa, con Whitney, Cooper e me?»

Dani liquidò la sua preoccupazione con un gesto della mano. «Mi darà l'occasione di prendermi una tregua dalla famiglia di Brad. Li adoro, ma sono un filo impegnativi.»

«Okay.» Taylor si sentì sollevata. «Più siamo meglio è.»

Whitney entrò in cucina. «Cosa combinate voi due?»

«Stiamo imparando a cucinare il salmone in umido» disse Taylor.

«Stavo dicendo a Taylor di un post su Facebook che mi preoccupa. Una sconosciuta, alla bancarella dei Collister, stava dicendo di aver letto su Facebook che Taylor Castle vive qui» disse Dani.

«Più tardi controllerò» replicò Taylor.

«Perché non subito?» Il tono di Whitney suonava calmo, ma determinato. «Dobbiamo tutte stare attente sui social media, e se tu di norma non condividi informazioni del genere, dobbiamo scoprire la fonte della notizia.»

«Così mi spaventi.» Taylor posò il libro di cucina sul tavolo.

Guidò le sorelle nel suo ufficio e si sedette davanti al computer. Dopo essersi loggata, controllò la sua pagina autrice su Facebook. Era stata condivisa una foto di Lilac Lake, con la didascalia: *È qui che vive Taylor Castle?*

Controllò l'autore del post originale. Il nome era JED. Ci cliccò sopra e le apparve un volto decisamente familiare.

«JoEllen Daniels è impazzita? Perché diavolo posta una cosa del genere?» sbottò Dani.

Controllarono la sua pagina. Aveva messo la stessa foto di Lilac Lake e poi una di Cooper con la didascalia *Il mio nuovo ragazzo*. Scorrendo la pagina, c'erano altre foto che la ritraevano con altre persone, per lo più uomini.

«Oh mio Dio. Non stavo scherzando quando ho detto che era come una bomba a orologeria pronta a esplodere» disse Whitney. «Di sicuro è una persona molto sola e insicura.»

«Cosa dovrei fare ora?» Taylor si torceva le dita.

«Cancella immediatamente il post dalla tua pagina. Tu hai una marea di followers, mentre JoEllen ha solo pochi amici» ordinò Whitney.

«Pensi che Taylor debba segnalarla? Bloccarla, magari?» chiese Dani. «A un certo punto io devo averle dato l'amicizia, ma ho così tante richieste che a volte accetto senza rifletterci.»

«No» rispose Whitney. «Ti farà comodo poterla tenere d'occhio. Mi dispiace, Taylor. So che sei arrabbiata, ma queste cose capitano tutti i giorni, tanto alle star di Hollywood come a chiunque sia sotto i riflettori. Devi stare un po' attenta, e basta.»

«Non penso che nemmeno Cooper sarà felice di trovarsi sul suo profilo Facebook» rifletté Taylor. «Si è già pentito di aver affittato una casetta accanto alla sua. Ma non è riuscito a trovare altro.»

«Magari, dato che Dani è quasi sempre da Brad, potremmo offrirgli la sua stanza qui.» La proposta di Whitney suscitò uno strillo di Taylor.

«Cosa?! Ci manca solo averlo in casa. Già devo lavorarci assieme.»

«Era solo un'idea.» Whitney rivolse alla sorella un sorriso angelico.

La cena di quella sera si rivelò molto più divertente di quanto Taylor si aspettasse. Brad aveva invitato anche Aaron e tutti e sei si erano seduti sul portico con calici di vino o bottiglie di birra a discutere della parata e di altri eventi del fine settimana di festa. Per Taylor e le sue sorelle, quei discorsi riportavano a galla tanti ricordi felici. Per Cooper, l'unico outsider, furono come un corso lampo di vita di provincia.

Mentre gli uomini restavano a chiacchierare fuori, Dani tornò in cucina a sgranare i piselli e spazzolare le patate novelle che si era portata dalla fattoria. Più tardi, cucinò le verdure insieme a Whitney e condì l'insalata, mentre Taylor impiattava il salmone e lo decorava con prezzemolo fresco e aneto, raccolti in giardino.

«Ha un aspetto quasi professionale» disse poi con orgoglio, facendo un passo indietro per ammirare la tavola piena di cibo.

Gli uomini le raggiunsero.

«Sembra delizioso» disse Aaron sorridendo a Taylor.

Il complimento la fece felice. Forse cucinare per gli altri non era poi così male.

Presero tutti posto a tavola, e dopo che Taylor li ebbe ringraziati per essere venuti, cominciarono a mangiare.

«È meglio che non perdiamo tempo» annunciò Dani, verso la fine della cena. «Il concerto della banda comincerà tra una mezz'ora e se non ci sbrighiamo non troveremo posto sul prato.»

«Il concerto della banda? Di che si tratta?» chiese Cooper.

«È una tradizione» gli rispose Whitney. «La banda del liceo suonerà musica patriottica e qualche vecchia canzone, e la gente potrà cantare con loro, se vuole.»

«È divertente, in perfetto stile provincia americana» aggiunse Taylor. «Ci saranno anche i fuochi d'artificio.»

Cooper sorrise, ma le fu chiaro lo stesso che la prospettiva non gli sembrava esattamente eccitante.

Più tardi, seduti su una delle coperte stese sul prato per assistere al concerto, Taylor si voltò verso Cooper, alla sua destra. «Quest'anno, è il preside del liceo che farà il discorso di benvenuto. È un sollievo che tocchi a lui e non a uno dei politici locali, a cui piace farla lunga.»

Cooper ridacchiò. «Alcune tradizioni sono fondamentali.»

Taylor rise. «GG mi ha raccontato che fare questo cambiamento ha richiesto un bel po' di strategia, ma la gente ha collaborato per renderlo possibile.»

«Dov'è tua nonna?»

Taylor deglutì con forza. «È rimasta a Woodlands. L'avevamo invitata, ma non si sentiva bene. Le ho promesso di raccontarle tutti i pettegolezzi domani, dopo la parata.»

Cooper la studiò. «Mi spiace. So che avresti voluto che fosse qui.»

«Sì, è dura pensare a GG che invecchia. Ma di norma gode di ottima salute, e mi ha giurato che non è niente di serio.»

Il preside del liceo salì sul palco di legno e fece scorrere lo sguardo sui presenti. «Buona vigilia del 4 luglio a tutti! È il ventitreesimo anno che festeggiamo questa festa alla maniera unica di Lilac Lake. Per chi assiste per la prima volta alle nostre celebrazioni, siete incoraggiati a cantare con noi e battere le mani e divertirvi. Ora, lascio il posto alla banda del liceo e al loro capobanda, Joshua Harding.»

Le prime note di *The Stars and Stripes Forever* di John Philip Sousa fecero alzare tutti in piedi, alcuni battendo le mani a tempo. Ascoltare quella marcia e riconoscere tanti volti del passato tra gli abitanti della cittadina riempì gli occhi di Taylor di inattese lacrime.

Aaron, che sedeva alla sua sinistra, se ne accorse e le cinse le spalle.

Cooper le rivolse uno sguardo comprensivo e poi scoppiò a ridere vedendo Brad che marciava sul posto.

Più tardi, dopo che la banda ebbe concluso la sua esibizione, da un campo dietro la caserma dei pompieri partirono i primi fuochi d'artificio e la folla ammutolì di colpo.

Taylor si mise a fare "oooh" insieme agli altri, catturata dai suoni e dai colori dei fuochi. A un certo punto, si accorse che Cooper la stava guardando e si scambiarono un sorriso.

Dopo gli ultimi fuochi, lui la aiutò a rialzarsi, trattenendo la sua mano un secondo più del necessario.

Appagata dall'atmosfera allegra della festa, Taylor non trovò nulla da ridire e anzi strinse la mano di Cooper per un attimo, prima di lasciarla andare.

«Va bene, ragazzi, ci vediamo domani mattina alla caffetteria» esclamò Dani. «Mi sono messa d'accordo con Crystal per andare a vedere la parata dal suo appartamento, che è proprio al piano di sopra. È il suo modo di ricambiare per l'aiuto che le abbiamo dato con il carro.»

«Sarà meglio che vada, allora. Grazie per avermi coinvolto» disse Cooper. Strinse la mano a Brad e Aaron e salutò Dani e Whitney con un cenno della testa e un sorriso. Poi si rivolse a Taylor. «Ci vediamo domani. Grazie per la bella giornata.»

«Penso che il tuo primo assaggio della città sia stato carino, ma anche domani ci sarà da divertirsi. Dopo la parata, andremo a fare un picnic al cottage. Aaron porterà la sua canoa, e ci sarà un sacco di cibo.»

«Mi sembra un ottimo piano» sorrise Cooper. «A domani.»

Mentre si allontanava, Taylor non poté esimersi dall'ammirare il suo fisico prestante.

La cosa non sfuggì a Whitney che le strizzò l'occhio.

CAPITOLO 21
WHITNEY

Mentre se ne stava in piedi con gli altri, sulla terrazza di Crystal sopra il Lilac Lake Café, ad aspettare la parata del 4 luglio, a Whitney sembrò per un attimo di essere tornata bambina. Come aveva fatto la sua vita a diventare così complicata, così inappagante? Sapeva di essere molto fortunata a essersi assicurata un ruolo in una serie televisiva di successo. Ma l'aveva resa felice? Sì, si rispose. Era stata felice, i primi due anni, e poi le cose avevano cominciato ad andare a rotoli, specialmente la relazione con Zane. E anche se aveva dichiarato per molto tempo di non essere interessata a frequentare qualcuno o mettere su famiglia, l'idea di qualcosa di permanente la intrigava e spaventava al tempo stesso. Aveva lavorato troppo duramente per farsi una carriera e non poteva permettersi di lasciarla in sospeso troppo a lungo.

«Eccoti qua» disse Taylor, venendo ad abbracciarla. «Sei uscita prima di me, stamattina. Ti avrei dato un passaggio.»

Whitney sorrise. «Non riuscivo più a dormire e ho pensato di venire qui un po' in anticipo. Crystal mi ha assicurato che non aveva bisogno di aiuto e allora mi sono seduta qui a rilassarmi con il mio caffè.»

«Io mi ero organizzata per aiutare Crystal giù, ma dato che ha assunto un paio di ragazze, mi ha detto che non era necessario che mi fermassi. Le studentesse universitarie hanno più bisogno di me di lavorare» rispose Taylor.

«E Cooper dov'è?»

«Verrà direttamente qui. Gli avevo offerto di andarlo a

prendere, ma ha detto che lascerà l'auto davanti a casa nostra e verrà a piedi.»

«Mi piace. Sembra un bravo ragazzo.»

«Lo so, ma non posso permettermi di pensare a lui sotto questa luce, o rischio di rovinare i nostri accordi lavorativi. Ti ho detto che l'editrice è sua madre?»

«Che cosa? E allora perché l'ha costretto a venire fin qui per aiutarti? Non ha il minimo senso, a meno che, come ti ho già detto, non pensi che voi due vi migliorerete a vicenda, tu come scrittrice e lui come editor.»

«Cooper dice che vuole un ruolo ufficiale nell'azienda di famiglia. Dato che hanno cognomi diversi, sono stati molto discreti sul loro rapporto di parentela. Ma penso che lei sia molto severa con lui.»

«Sono certa che faccia tutto parte di un piano. Di certo, lui si sta comportando in modo molto garbato.»

Furono interrotte dall'arrivo di Aaron, Brad e Dani.

CAPITOLO 22
TAYLOR

La mente di Taylor continuò a rimuginare sulle parole di Whitney, mentre altre persone entravano in casa. Sentì che era arrivato Cooper prima ancora di vederlo. Si voltò e lui aveva lo sguardo fisso su di lei. Le sorrise e le andò incontro. Un pensiero le passò per la testa: l'intera carriera di Cooper dipendeva da come sarebbe riuscito a gestire un'autrice difficile come lei.

Gli restituì il sorriso e fece voto dentro di sé di fare tutto il possibile per far funzionare il loro rapporto lavorativo. Sarebbe stata una vittoria per entrambi.

«Menomale che sei arrivato» gli disse. «Una delle *marching band* si sta scaldando. Da questo punto avremo una visuale eccellente.»

«Sembra interessante.» Cooper accettò una tazza di caffè da Dani, che faceva da padrona di casa.

«Crystal sta dando gli ultimi ritocchi al carro con le ragazze, per assicurarsi che sia tutto in ordine. E poi sfilerà con loro. Dobbiamo tutti esultare e applaudirle quando passano qui sotto.»

«Specialmente perché è tutto per festeggiare il compleanno della Collister Construction» aggiunse Brad unendosi a loro. «Le ragazze lanceranno caramelle, collane di perline e anche buoni omaggio dei Legnami Beckam.»

«Come al *Mardi Gras*» disse Cooper.

Brad rise. «Qui a Lilac Lake facciamo sul serio. Oh, si comincia!»

Mentre si facevano tutti più avanti per vedere meglio,

Taylor sentì che Cooper le posava la mano sulla parte bassa della schiena, come per aiutarla a passare attraverso il gruppetto. Gli lanciò uno sguardo di sottecchi, ma lui aveva già tolto la mano e stava guardando il camion dei pompieri che guidava la parata. Però le era piaciuto, quel breve istante in cui si era sentita protetta.

La marching band di una città vicina seguiva il camion dei pompieri, preceduta dalle majorette che lanciarono in aria il loro bastone e lo ripresero proprio nel punto in cui Taylor stava osservando. C'erano dei politici, su auto decappottabili, che sorridevano e salutavano la folla. Alla fine, videro sopraggiungere il carro della Collister Construction.

«Ora c'è una sorpresa.» Dani le diede di gomito.

Taylor sogghignò vedendo MaryLou Collister che le salutava dalla parte frontale del carro, accanto a una ragazza che portava una fascia con sopra scritto Miss Collister Construction. Non avrebbe saputo dire chi aveva l'aria più compiaciuta, se la ragazzina o MaryLou. Le altre portavano T-shirt azzurre con il nome dell'impresa e caschetti gialli.

«Ciao, mamma!» gridò Brad. Sia lui che Aaron sfoggiarono sorrisi orgogliosi, mentre la madre ricambiava il saluto. Taylor amava il fatto che fossero così uniti, in famiglia.

Il carro fece una pausa proprio sotto di loro, e MaryLou lanciò verso il balcone diverse collane di perline. Aaron le prese al volo e le regalò a tutte le ragazze, prima di indossarne una anche lui.

Taylor rise di gioia, infilandosi la collana rossa e blu.

Dopo che anche l'ultima auto della polizia fu passata, a indicare la fine della parata, Taylor tornò dentro con gli altri.

Si rivolse a Cooper. «Allora come ti è sembrata? Forte no?»

«È stato divertente» ammise lui. «Ho capito da dove prendi le idee per i tuoi libri. Ci sono così tante storie dietro alcune persone. Aaron me ne ha raccontate diverse.»

«Vado ad aiutare Crystal con il carro» disse Dani.

«Vengo anch'io» replicò Whitney. «Taylor, perché tu non vai avanti a prendere i viveri per il nostro picnic al cottage?»

Taylor annuì di buon grado, ma non poté evitare di chiedersi perché le sue sorelle si mostrassero così autoritarie.

«Vengo ad aiutarti» propose Cooper.

«Va bene, ma non è niente di complicato.» Le faceva piacere che si fosse offerto.

Lasciarono l'appartamento di Crystal e si diressero verso casa con l'auto di Taylor. «Aspetta! Prima vorrei fare una scappata a vedere come sta GG. Ti spiace?»

«Per niente» replicò Cooper. «Mentre tu vedi come se la cava, io farò una telefonata a mia madre.»

«Affare fatto.» Taylor era ansiosa di rivedere GG. Per quanto fosse stato divertente, senza la nonna non era la stessa cosa.

Arrivata a Woodlands, entrò di corsa e percorse il corridoio di GG con l'idea di farle una sorpresa.

La porta era chiusa.

Bussò una volta prima di aprirla e si ritrovò faccia a faccia con JoEllen.

Taylor fece un passo indietro. «Cosa ci fai tu qui? Dov'è mia nonna?»

«Sto solo controllando che sia tutto a posto. Tua nonna è nella sala da tè, dove sta per essere servito un pranzo speciale.»

Taylor lottò per controllare la rabbia. «Tu non dovresti stare qui. Aspetterò che te ne vada per andare a trovare la nonna.»

«Ho tutto il diritto di stare qui» replicò lei. «Ci lavoro, ricordi?»

«Il tuo incarico di aiuto infermiera non ti dà la libertà di frugare negli appartamenti delle persone, in loro assenza.»

JoEllen uscì di scatto dalla stanza e si allontanò lungo il corridoio.

Taylor rimase a guardarla andare via, preoccupata al pensiero di cosa stava tramando. Non si fidava di JoEllen. C'era qualcosa che non andava in lei. Avrebbe detto a GG di tenere sotto controllo il suo denaro e tutte le cose di valore. Per fortuna, li teneva in una cassaforte accuratamente nascosta all'interno dell'armadio.

Quando Taylor entrò nella sala da pranzo, GG la accolse con un grande sorriso. «Che bello vederti! Buon 4 luglio!»

Taylor la abbracciò e la studiò in viso. «Come stai? Meglio, spero.»

«Sì, ti ringrazio. Non c'è niente di cui preoccuparsi. Ho dormito male per un paio di notti e sono un po' fuori fase. Ma tornerò in forma, in men che non si dica. Raccontami, ti sei divertita con Cooper e gli altri?»

Taylor le sorrise. «È stato divertente, fin qui. Abbiamo organizzato un picnic al cottage, con l'idea di fare il bagno e usare la canoa di Aaron.»

«È la giornata perfetta direi. Non voglio trattenerti, ora. Va' e divertiti.»

Taylor le baciò la guancia. «Ti voglio bene, GG.»

«Ti voglio bene anch'io, cara.»

Mentre usciva dall'edificio, si rese conto di non aver detto a GG che aveva trovato JoEllen nel suo appartamento. Sapeva che la nonna era attenta ai propri contanti e agli oggetti di valore, però si sarebbe assicurata lo stesso di avvertirla.

Taylor e Cooper seguirono Whitney, Dani, Aaron e Brad sul prato di fronte al cottage, che Aaron aveva tosato di recente. La morbida striscia verde brillante era invitante mentre sistemavano le sdraio e le borse frigo piene di panini, frutta, dolci e bevande assortite. Era una giornata perfetta. La temperatura era sui venticinque gradi, con una brezza leggera. Il cielo era terso, percorso solo di tanto in tanto da qualche nuvoletta.

«Che giornata fantastica. Rilassiamoci e godiamocela.» Dani stese tre coperte sul prato, mentre Brad portava due sdraio sulla spiaggia, accanto al masso piatto.

Taylor si rivolse a Cooper. «Se dovesse fare troppo caldo sul prato, è sempre una meraviglia starsene seduti sulle sdraio con i piedi a mollo nell'acqua fresca.»

«La voce dell'esperienza.» Cooper le strizzò l'occhio.

Taylor rise. «Al momento, sono più per il prato. Oltretutto ho fame. E tu? Hai ancora posto, dopo aver spizzicato in cucina?»

Lui sorrise alla provocazione e si diede dei colpetti sulla pancia. «Sì, c'è ancora spazio.»

Taylor sentì che le si asciugava la bocca. Con quella semplice maglietta sui boxer da bagno, il corpo scolpito di Cooper le suscitava brividi di desiderio. Era chiaro che si allenasse, ma senza esagerare. A trentadue anni, Cooper appariva molto più maturo di alcuni degli uomini con i quali era uscita. La cosa migliore era che non sembrava minimamente consapevole di quanto fosse attraente.

«E tu che ne dici?» le chiese, strappandola alle sue riflessioni.

«Io cosa?»

«Come pensavo, non mi stavi ascoltando.» Scosse la testa e fece schioccare la lingua, fingendo preoccupazione. «Sarà sempre così? Saremo sempre fuori sincrono, io e te?»

«Stiamo parlando di cibo, non di lavoro» rispose lei. «Andiamo a mangiare qualcosa, forza. Poi possiamo andare a nuotare o prendere la canoa, come vuoi.» Così dicendo si sfilò la maglietta che le copriva il bikini. «Il sole già scotta.»

Gli occhi nocciola di Cooper si accesero mentre la percorreva con lo sguardo, ma non fece commenti, limitandosi a seguirla verso una delle borse frigo.

Taylor lasciò uscire un sospiro. Era come essere tornata a vecchi tempi, quando sia Dani che Whitney avevano già un corpo adulto e seducente, mentre lei restava una bambina troppo magra e piatta. Persino in quel momento le antiche insicurezze la spinsero a domandarsi cosa pensava di lei Cooper. Dani e Whitney erano formose rispetto a lei. Il suo fisico non era male, ma nessuno l'avrebbe mai definita procace.

Cooper tornò da lei reggendo due piatti di carta pieni di panini, patatine e sottaceti. «Io ho preso questi. Ti va di prendere da bere? Mi piacerebbe una *root beer*.»

Whitney era in piedi accanto alla borsa frigo delle bevande quando Taylor si avvicinò. «Passami una root beer e una Coca Zero.»

Whitney le tirò fuori. «Penso che Cooper sia cotto di te.»

«Cosa? Perché dici questo? Siamo solo due che lavorano insieme. E così dev'essere.»

«E chi lo dice?» Lo sguardo di Whitney indugiò nei suoi occhi.

«Io... io... non lo so. La mia agente, immagino.»

Whitney scoppiò a ridere. «Va' e divertiti. Va tutto bene, oggi è festa.»

Taylor andò a sedersi con Cooper e Aaron. Mentre mangiavano, osservarono il cottage.

«Pensi ancora che ci viva un fantasma?» le chiese Aaron.

«Un fantasma? Sul serio?» chiese Cooper. «Allora è *davvero* infestato?»

Taylor gli rivolse uno sguardo imbarazzato. «Non lo sappiamo per certo, ma sono successe strane cose all'interno della casa, e gira una vecchia storia sul fantasma di una donna che viveva lì. Non mi piace stare lì dentro e non mi sentirò a mio agio finché i lavori non saranno finiti. Penso che dopo tutti i cambiamenti il fantasma deciderà una buona volta di andarsene.»

«Credo che non sia altro che uno spirito incompreso» disse Aaron, posandole una mano sulla spalla. «Ma anch'io ho sentito qualcosa lì dentro.»

«Dopo che avremo finito di mangiare, vorrei darci un'occhiata» disse Cooper, quasi esaltato. «Io ho visto un paio di lucine, nient'altro.»

«Io non ci vengo» replicò secca Taylor. «Lascio a voi due il piacere dell'ispezione. In aggiunta alla vecchia leggenda sul fantasma, io e le mie sorelle abbiamo trovato una scatola che conteneva un abito da sposa, insieme a vestitini da neonato. Era in fondo a uno scaffale in garage, come se fosse stata nascosta. GG non ne sa niente, dice. Penso che dovremo fare qualche ricerca, ma per ora non abbiamo ancora scoperto nulla. Non voglio cominciare prima che la ristrutturazione sia ultimata e il fantasma se ne sia andato.»

«Uno spirito tormentato deciderà da solo quando sarà arrivato il momento di andarsene» disse Aaron con voce pacata. «Ma forse è meglio aspettare.»

«Lo capisco. È una giornata troppo bella per impelagarci con un fantasma» decise Cooper.

Taylor lanciò un'occhiata alla casa e un brivido le corse lungo la schiena. Non voleva incontrare quel fantasma, o alcun fantasma in verità, né allora né mai.

Finirono di pranzare e poi si diressero tutti e tre verso la canoa di Aaron.

«Potete andare prima voi due, senza di me» disse Taylor.

«No, tu puoi sederti al centro. Io starò a poppa, mentre Cooper può mettersi a prua» disse Aaron. «Mettiamola in acqua.»

«Forte! Sono andato parecchio in canoa, una volta, durante un campo estivo» replicò Cooper.

Quando entrambi gli uomini furono nell'acqua fino alle cosce, Aaron venne verso di lei e, prima che potesse protestare, la sollevò tra le braccia e la trasportò fino alla canoa, calandola nel mezzo.

«Bene, Cooper, salta dentro» disse poi, tenendo ferma l'imbarcazione dal fondo.

La canoa si inclinò mentre Cooper saliva e si sistemava a prua.

Le gambe lunghe di Aaron gli resero più semplice il compito di salire a bordo, e infine i tre salparono verso il centro del lago.

«Pagaieremo fino all'altra sponda. Potremmo anche riuscire a vedere i Meadows dall'acqua» disse Aaron.

Erano circa a metà strada quando Taylor si accorse di un grosso ragno che le camminava sulla gamba. Trattenendo un urlo, sollevò la gamba e scalciò fuori bordo. «Via!»

Un attimo dopo era in acqua, con i capelli bagnati che le gocciolavano sulla faccia. La canoa rovesciata galleggiava lì vicino.

«Cos'è successo?» chiese Aaron, afferrando un paio di cuscini delle sedute che galleggiavano lì accanto.

Taylor si sentì un'idiota. «Scusate. Era un ragno enorme.» Cercò Cooper con lo sguardo, ma non lo vide. «Cooper?»

«Sono qui» disse lui, nuotando attorno alla prua della canoa rovesciata. Si teneva una mano sulla testa. «Ho battuto la testa sulla canoa.»

Taylor nuotò verso di lui. «Mi dispiace. Fammi vedere.»

Esaminò il cuoio capelluto di Cooper, mentre entrambi si muovevano per restare a galla. All'altezza della nuca, si stava formando un grosso bernoccolo. «Mi spiace così tanto.»

Cooper voltò il viso verso di lei, proprio mentre lei si faceva più vicina. Trovandosi a un soffio di distanza, si fissarono negli occhi.

Quelli di Cooper scesero poi verso le sue labbra. «Grazie per esserti preoccupata per me.»

«Cooper, dobbiamo ribaltare la canoa» gridò Aaron spezzando l'incanto del momento, e la tensione erotica tra loro.

Cooper si voltò e nuotò via.

Wow! Era certa che lui fosse stato lì lì per baciarla. E quello non sarebbe mai dovuto succedere, se lui avesse continuato a lavorare per le Edizioni Pritchard. Un giorno, Cooper avrebbe potuto essere il suo capo.

Più tardi, mentre si asciugavano sulla roccia piatta, Taylor si allungò sul proprio asciugamano. Aveva trascorso così tanti pigri pomeriggi, in passato, avvolta dal rumore delle persone che nuotavano nelle vicinanze, inframmezzato dal canto degli uccelli, lo starnazzare delle anatre e il ronzare delle api e degli altri insetti. Una ninnananna completata dal suono gentile dell'acqua che lambiva le rocce a riva. Chiuse gli occhi. Sentì qualcuno che si spostava sulla roccia accanto a lei, ma non si preoccupò di riaprirli.

«Ehi, dormigliona» disse una voce dolce. «Non voglio disturbare gli altri, ma torno un attimo a casa a prendere il mio ombrellone. Al sole, qui è troppo caldo per me.»

«Ti serve aiuto?» chiese Taylor con voce impastata dal sonno.

«No, grazie. Non ci metterò molto. Prendo in prestito la tua auto, va bene?» chiese Whitney.

«Certo. Le chiavi sono nella mia borsa. Ci vediamo dopo.»

Dopo che la sorella fu andata via, Taylor rotolò sulla pancia per prendere il sole anche dietro. Ripensò a Cooper e a come l'avesse quasi baciata e si domandò come sarebbe stato.

CAPITOLO 23
WHITNEY

Mentre si allontanava dal cottage, Whitney avvertì un senso di solitudine. Dani e Brad erano così innamorati che non si accorgevano nemmeno delle persone che stavano attorno a loro. E, se non si sbagliava, sia Aaron che Cooper si erano presi una cotta per Taylor. Non che lei ne sembrasse consapevole. In materia di relazioni era piuttosto inesperta. Magari era proprio quella la ragione per cui avevano mandato Cooper in suo aiuto, così che la sua scrittura potesse risultare più autentica.

Quando si fermò nel vialetto di casa, sentì Mindy che abbaiava per salutarla. Aveva preferito non portarla al cottage, per paura che finisse nel lago. Pirata era in acqua tutto il tempo e, conoscendola, sapeva che lei avrebbe voluto seguirlo.

Aprì la porta e rise dell'accoglienza festosa della bassottina. La prese in braccio e accettò i suoi mille baci sulla faccia.

«Come sta la mia ragazza?» le disse con vocina gentile, prima di stringerla in un ultimo abbraccio e metterla giù per andare a prendere l'ombrellone sul patio.

Il telefono fisso squillò, ma non andò a rispondere. Ultimamente erano state tartassate dai call center. Se fosse stata una questione importante, l'avrebbero chiamata al cellulare.

Prese l'ombrellone, lo caricò in macchina e ripartì.

Di nuovo al cottage, ritrovò il gruppo, chi disteso al sole, chi seduto sulle coperte a mangiare uva e mele.

Aaron si alzò e le venne incontro. «Lascia che porti io l'ombrellone. Dove vuoi che lo metta?»

Whitney indicò l'area vicino a una delle coperte e insieme infilarono il palo in un punto di terra morbida.

Dani li raggiunse e le offrì una mela. «Ti dispiace se sto un po' all'ombra con te? Penso di aver preso abbastanza sole per oggi, ma non voglio ancora andar via.»

Whitney diede qualche colpetto sulla coperta accanto a lei. «Accomodati.»

«È stata una bella giornata» commentò Dani. «Mi ha riportato alla mente tanti ricordi delle estati passate. Tu ti sei divertita?»

«Sì. È bello tornare alle cose fondamentali. Avevo bisogno di passare un po' di tempo lontana dalla California. Mi sento meglio, più forte e più in salute.»

Dani la cinse in un abbraccio. «È bello averti qui. Per un po' ci siamo perse di vista.»

«Anch'io ho sentito la tua mancanza.» Il cellulare di Whitney squillò, ma non guardò nemmeno chi era. Non voleva che qualcosa interrompesse quel momento con la sorella.

Anche il cellulare di Dani vibrò per un messaggio. Si allungò a prenderlo sulla coperta. «Mi chiedo cosa sta succedendo nel resto del mondo.»

«Non pensiamoci» disse Whitney. «Non roviniamoci la giornata.»

Dani sollevò il telefono, studiò per un attimo il display e si irrigidì.

«Che succede?» chiese Whitney.

«Questo devi vederlo, ma prima controlla il tuo telefono.»

«Dani, dimmi cosa c'è che non va.» Whitney sentì che lo stomaco si chiudeva per l'ansia. Aveva visto il volto della sorella sbiancare.

«Si tratta di Zane» disse Dani. «È in coma, per un'overdose.»

Whitney lasciò uscire tutta l'aria che aveva nei polmoni. La testa cominciò a girarle. «È vivo?»

«Controlla il tuo telefono. Probabilmente hai più informazioni tu di me.»

Whitney lo cercò e vide che la sua agente le aveva lasciato cinque vocali. Invece di ascoltarli compose direttamente il suo numero. Barbara Griffith era una donna di ferro e nella sua carriera aveva dovuto gestire le peggiori situazioni.

Le rispose al secondo squillo. «Whitney, Zane ha tentato il suicidio. Ma prima mi ha mandato un messaggio per te. È vivo, ma è in coma. Vieni qui il prima possibile.»

Whitney si costrinse a rallentare il respiro e poi rispose: «Va bene, sarò lì prima che posso. Quando lo vedi, se puoi, digli che sto arrivando.»

«Lo farò. Non consentono visite al momento, ma so che tu sei tra le persone autorizzate a vederlo, se non è troppo tardi.»

Con una sensazione di gelo che non aveva niente a che fare con la brezza che si era sollevata, Whitney guardò Dani attraverso le lacrime. «Devo tornare a Los Angeles.»

Dopo aver sentito le notizie, la sorella si alzò in piedi. «Andiamo. Ti accompagno a casa. Mentre fai le valigie posso occuparmi del tuo biglietto.» Si voltò verso gli altri. «Ascoltatemi tutti. Whitney deve partire per la California. Zane è finito in coma per un'overdose. Vado ad aiutarla a fare i bagagli e organizzare il viaggio.»

Taylor corse ad abbracciare Whitney. «Mi spiace così tanto. Dimmi come posso aiutarti, ti prego.»

«Puoi prenderti cura di Mindy? Non posso portarla con me» rispose lei, con gli occhi che le si riempivano di nuovo di lacrime.

«Certamente. Mindy sa che l'adoro. Starà bene fino a tuo

ritorno.» Taylor la abbracciò di nuovo.

Poi, prima che l'emozione prendesse il sopravvento su di lei, Whitney si affrettò verso l'auto. Quello che aveva temuto per tanto tempo si era appena avverato.

CAPITOLO 24
TAYLOR

Dopo che Dani e Whitney se ne furono andate, tutta l'allegria di quel pomeriggio evaporò.

Aaron si rivolse a Brad. «Ehi, fratellino, aiutami a caricare la canoa sul pickup».

Mentre i due si allontanavano, Taylor si voltò verso Cooper. «Mi spiace che la giornata abbia preso una piega triste, ma è stato bello averti qui con noi.»

«Anch'io mi sono divertito. Tornerò alla mia casetta a sistemare qualche cosa» le sorrise. «Grazie per avermi invitato. Ci vediamo domani mattina da te, così possiamo iniziare a lavorare.»

«Va bene. Non penso che si possa rimandare oltre.» Il solo pensiero le era odioso.

Dopo che ebbero messo via gli avanzi e Aaron ebbe caricato le borse frigo nel suo pickup, Cooper ripiegò le coperte e si infilò una maglietta sopra i boxer da bagno. «Metto le coperte nella tua auto e poi mi avvio.»

«Grazie» disse Taylor. Dopo che se ne fu andato, si prese un attimo per ammirare il lago. Il paesaggio era un invito alla calma. Le White Mountains sullo sfondo sovrastavano maestose il lago, come una regina che tiene d'occhio il suo reame.

Si voltò e si affrettò verso la sua auto, dispiaciuta per il fatto che il pomeriggio fosse stato interrotto così bruscamente, da una notizia così orribile.

Quella sera, Taylor era seduta sul patio con Mindy in

braccio, cercando di alleggerire il suo umore abbattuto, dopo la partenza della sua padrona.

Dani la raggiunse fuori. «Pensavo di passare la notte da Brad e mi porterei anche Pirata. Non è un problema per te stare qui da sola con Mindy?»

Taylor ridacchiò. «Ma no, figurati. Buon divertimento. Mi rilasserò con un libro. Oggi è stata una giornata divertente, ma devo cominciare a pensare a domani, quando dovrò mettermi al lavoro con Cooper.»

«Una ragione in più per goderti un po' di lettura» commentò Dani. La salutò con un cenno e se ne andò.

Taylor tornò dentro, diede la pappa a Mindy e andò a prendere il suo e-book reader in camera. Preferiva non leggere romance mentre ne stava scrivendo uno, ma aveva scaricato diversi romanzi storici tra cui poter scegliere.

Non le andava di cenare, per cui si prese una croccante mela Granny Smith e si accomodò sul divano con il libro. Mindy le si addormentò accanto e stava russando piano quando a un tratto sollevò le orecchie e scattò in piedi.

«Che succede?» chiese Taylor. Nel frattempo, mentre era immersa nell'universo narrativo dell'autore, si era fatto buio.

Mindy saltò giù dal divano e corse alla porta abbaiando.

Taylor si alzò e la seguì circospetta: perché qualcuno sarebbe dovuto venire da loro così tardi?

Sbirciò dallo spioncino e poi aprì la porta. «Cooper! Che ci fai qui?»

«Non posso stare nella casetta. Potete ospitarmi stanotte?»

Taylor fece un passo indietro. «Forza, entra. Cos'è successo?»

«JoEllen» disse lui, scuotendo la testa. «Si è presentata alla mia porta, ha chiesto se poteva entrare e poi ha cominciato a togliersi i vestiti, senza darmi il tempo di fermarla. Non so cosa le passi per la testa, ma non posso ritrovarmi in una situazione compromettente. Potrebbe affermare qualsiasi cosa su di me, senza testimoni che possano dire la verità.»

«Pensi che lo farebbe?» Taylor era colpita dalle sue parole.

Lo vide annuire. «È pazza. Non c'è altro da dire. Si è immaginata di essere la mia ragazza o che lo diventerà. Devo trovarmi un altro alloggio.»

«Per questa notte, puoi prendere la camera di Whitney. Poi ti aiuterò a trovarti un altro posto, per tutto il tempo in cui dovremo lavorare insieme.»

«Grazie, Taylor. Lo apprezzo, sul serio. È un vero peccato che una cosa che sembrava innocente si sia rivelata così contorta.»

«La salute mentale di JoEllen mi preoccupa sul serio» commentò Taylor. «E anche i suoi principi morali. L'ho trovata in camera di mia nonna, a Woodlands, quando non aveva ragione di trovarsi lì. Avvertirò GG di tenerla sempre d'occhio e le chiederò di comunicare subito allo staff se ci sono problemi.»

«Forse dovremmo parlarne con Brad» suggerì Cooper. «Dato che è la sua ex cognata, potrebbe avere qualche strumento per disinnescarla.»

«Lo dirò a Dani domani mattina, così che possa raccontare cosa succede a Brad. È piuttosto inquietante.» Taylor accompagnò Cooper di sopra, nella stanza di Whitney che, come era tipico di sua sorella, era in perfetto ordine.

«Sei sicura che a Whitney non darà fastidio?» chiese Cooper.

«Ne sono certa. In realtà, aveva anche suggerito che tu avresti potuto alloggiare nella stanza di Dani, finché resti qui. Lei dorme quasi sempre da Brad.» Già mentre pronunciava quelle parole, Taylor si chiese come le fosse venuto in mente di dirlo. Avere Cooper intorno tutto il tempo avrebbe solo reso più complicato il suo compito.

«Se l'offerta è ancora valida, risolverebbe tutti i miei problemi. Ne parlerò con Dani, domani.» Fece un passo verso di lei. «Per te andrebbe bene?»

Non voleva apparirgli scortese, quindi disse: «Se è per renderti le cose più semplici, volentieri. In ogni caso, non pensi di restare molto in città, giusto?»

«Non ne sono sicuro. Dipende da quanto saremo veloci con le revisioni.» Le rivolse un sorriso molto poco professionale e decisamente sexy, che le smosse qualcosa dentro. Ma subito dopo arrivò l'ansia. Lui avrebbe scoperto in fretta che lei aveva avuto solo brevi relazioni, in passato, con tutta probabilità proprio perché era un fallimento totale in fatto di romanticismo.

«Be', d'accordo. Ci penseremo. Mettiti comodo, intanto. Farò uscire Mindy e poi verrò a letto anch'io.» Si voltò di scatto, furiosa con se stessa per il rossore che le aveva colorato le guance. *L'ho detto come se volessi andare a letto con lui.*

Mentre usciva dalla stanza, le parve di sentire una risatina alle sue spalle.

In giardino, Mindy se la prese comoda, fermandosi ad annusare una dozzina di punti diversi prima di trovare quello perfetto. Taylor le fu grata per la pausa. Per quanto si ripetesse di non fare la scema, il pensiero di un uomo che dormiva nella stanza accanto la faceva sentire a disagio. Per fortuna, disponeva di un bagno privato e non avrebbe dovuto preoccuparsi di quell'aspetto della faccenda, se Cooper fosse rimasto.

Quando tornò di sopra, con Mindy alle calcagna, vide spegnersi la luce sotto la porta della camera di Whitney. Taylor rientrò nella sua e si chiuse dentro con un sospiro.

Mindy si piazzò accanto all'enorme letto matrimoniale, in attesa di essere tirata su. In barba a tutte le pubblicità dei super materassi che i cani adoravano, la bassottina insisteva per dormire nel letto di qualunque essere umano l'accettasse. Per Taylor non era un problema. Le piaceva la sua compagnia, anche se a volte Mindy russava.

Più tardi, Taylor era ancora sveglia a fissare il soffitto e a ripensare ad alcuni momenti della giornata. Si era divertita a guardare la parata tutti insieme. Ricordava la sensazione della mano di Cooper all'altezza della vita, quando lui l'aveva guidata verso la ringhiera e si chiese se anche lui avesse provato qualcosa di analogo al contatto. Magari, avere lì Cooper l'avrebbe aiutata ad apprezzare piccoli gesti come quello, quando sarebbe di nuovo uscita con qualcuno.

Pensò a Whitney e sperò che arrivasse in California in tempo per parlare con Zane. Pur non conoscendo i dettagli, sospettava che fosse proprio lui la ragione per la quale Whitney si era mostrata così determinata a lasciare Los Angeles. Sapeva per certo che sua sorella si era innamorata di Zane, ai tempi in cui uscivano insieme. Gliel'aveva raccontato proprio lei, una sera, durante le vacanze di Natale ad Atlanta, qualche anno prima.

Taylor si rigirò nel letto e abbracciò Mindy che le si era acciambellata addosso. L'ultimo pensiero prima di addormentarsi fu che magari avrebbe potuto adottare un cane anche lei, dopo che Cooper fosse ripartito.

La mattina seguente, al suo risveglio, Taylor trovò la porta della camera socchiusa e Mindy non era più a letto con lei. Il profumo di caffè appena fatto la chiamava dal piano di sotto.

Saltò giù dal letto, si infilò al volo una vestaglia sopra agli short e alla canottiera, e si diresse verso le scale. *Cooper è un ospite, non devo per forza impressionarlo* si ricordò, mentre si passava le dita tra i capelli lisci e spessi. Le arrivavano alle spalle, in un taglio di facile mantenimento. Niente di elaborato.

In cucina non c'era nessuno, ma Mindy le corse incontro. Si versò una tazza di caffè e uscì sul patio, come d'abitudine.

Cooper sollevò lo sguardo dal suo iPad e le sorrise. «Spero che non ti dispiaccia se ho usato la cucina, come se fossi a casa mia. E ho fatto uscire Mindy. Stava piangendo dietro la porta.»

«Dispiacermi? Ti ringrazio per esserti preso cura di Mindy. E svegliarsi con il profumo del caffè appena fatto è fantastico.» Prese posto sulla sedia di fronte a lui, sforzandosi di non fissarlo. Con addosso solo un paio di pantaloncini verde militare era ancora più attraente del giorno precedente.

«Immagino che potremmo ricominciare da capo, un capitolo per volta. Ma prima dovremmo parlare un po' dei tuoi personaggi, così che io possa farmi le idee più chiare. Ti sembra che vada bene?»

Taylor si mosse un po' a disagio sulla sedia ma annuì. Avrebbero parlato dei suoi personaggi, non di lei. «Ti va qualcos'altro per colazione, a parte il caffè?»

Lui le rivolse uno sguardo imbarazzato. «Mi sono preso l'uovo sodo di qualcuno, in frigo. Più tardi ne rimetterò un altro.»

«Non preoccuparti. Era di Whitney. Hai tutto il tempo per farlo, non tornerà tanto presto.» Taylor si alzò e andò a prepararsi una fetta di pane tostato con un uovo alla coque. Le proteine le avrebbero fatto bene. La prospettiva della giornata che l'attendeva cominciava a renderla nervosa.

Cooper la seguì in casa. «Se per te va bene che usi la camera di Whitney per un paio di giorni, mentre mi cerco un alloggio in affitto, andrei a prendere la mia roba alla casetta. Ho pensato a quello che è successo ieri sera e non voglio avere questioni con JoEllen. Lei è problematica.»

«Sì, non so bene cos'abbia in mente, ma non è normale. Vuole cambiare la propria vita a ogni costo, ma non in una maniera naturale. Anche solo l'idea di sposare il marito della sorella morta è così bislacca che fa venire la nausea.»

«Poco ma sicuro.» Cooper si passò le dita tra i capelli e scosse la testa. «Non posso ritrovarmi coinvolto in uno scandalo. Una cosa del genere può distruggere le mie opportunità di gestire un giorno l'azienda di famiglia.»

«Non te l'ho mai chiesto, ma sei figlio unico?»

«Ho una sorella più grande, Candace. Lei si sta già mettendo alla prova nel ruolo di editrice. Ne abbiamo parlato e non è sicura di cosa voglia fare davvero nella vita, ma vuole dimostrare il suo valore a nostra madre.»

«Be', posso prometterti che non ti coinvolgerò in nessuno scandalo e che farò del mio meglio per lavorare con te.» Taylor fu lieta di notare un'espressione sollevata sul volto di Cooper.

Dopo essersi preparata la colazione, Taylor salì di sopra a vestirsi, divertita da come Mindy seguiva ogni suo passo.

Più tardi, sedevano entrambi all'ombra di un acero del giardino. Cooper si era portato il suo portatile, ma lo mise da parte. «Iniziamo con i protagonisti del libro. Abbiamo una giovane donna che fa la maestra e ama i bambini e un uomo che invece è uno spirito libero, che fa il pompiere, ha un sacco di ragazze e non è pronto per sistemarsi. Giusto?»

Taylor annuì. «Per farla breve, sì.»

«Va bene. Approfondiamo. Vanessa ha mai avuto dei fidanzati, delle relazioni da adulta, degli amanti?»

Taylor cominciò ad agitarsi. Aveva studiato i personaggi, naturalmente, ma non si era mai ritrovata messa alle strette da due occhi nocciola che la fissavano pretendendo di conoscere il background dei suoi protagonisti. «Ha frequentato degli uomini, con uno in particolare ha pensato che fosse una cosa seria, ma non ha funzionato.»

«Ha fatto sesso con quell'uomo? Spesso? Quali interessi

avevano in comune? Quanto è stata profonda quella relazione?»

Taylor sentì che la gola le si chiudeva dovendo rispondere, così, su due piedi. Non stava parlando di lei, ricordò a se stessa. «Be' a entrambi piaceva seguire il baseball e altri sport. È così che Vanessa incontra Tom, il pompiere. In un bar in cui trasmettono le partite, dov'è andata con un'amica.»

«Ma torniamo alla relazione precedente. Cos'è che attira Tom verso Vanessa, se lei non ha mai avuto relazioni profonde prima, o grandi esperienze con altri uomini? Il fatto che si comporta in modo sexy, magari? Dopo tutto lui è un tipo che va forte con le donne.»

«Non voglio che lei sembri una tipa facile» protestò Taylor. «I miei lettori lo odierebbero.»

Cooper scosse la testa. «Non è quello che intendo. Come tuo editor devo capire le motivazioni che stanno dietro i comportamenti, così che i personaggi acquistino maggiore spessore.» La studiò per un attimo. «Sai di cosa parlo. Devi fornire delle esperienze ai tuoi personaggi. Magari se Vanessa in passato avesse avuto una relazione travagliata, non sarebbe molto impressionata da Tom, e questo potrebbe essere la molla che fa scattare il suo interesse. Cose così.»

«Ora che me lo dici, so che hai ragione. Cercherò di lavorare sulle sue esperienze passate per renderla più interessante, e fornire più motivazioni alle sue azioni.»

«E Tom invece? Qual è la sua storia?»

«Ho creato un background per lui: famiglia, amici, interessi...» cominciò Taylor.

«Sì, ma dobbiamo andare più a fondo.»

Taylor lo guardò e sospirò. «Forse in questo tu potresti essermi d'aiuto. Ho solo sorelle, per cui mi servirebbe una prospettiva maschile.»

Cooper fece una smorfia. «Va bene, facciamo così. Mentre

trascorriamo il tempo insieme, io ti spiegherò cosa mi passa nella testa e tu mi dirai cosa pensi tu, così possiamo fare in modo che i tuoi personaggi risultino irresistibili l'uno per l'altra. Mi segnerò qualche appunto, intanto, e poi andrò a prendere il resto delle mie cose alla casetta e farò il check out.»

«Intanto io butterò giù una descrizione del personaggio più valida per Vanessa.» Taylor non vedeva l'ora di tornare alla sicurezza della propria stanza, davanti al computer.

«Allora, cosa ne dici se ci vediamo a pranzo alla caffetteria? Possiamo approfittarne per osservare le persone e confrontare le nostre reazioni a quel che succede» propose Cooper.

«Va bene. Potrebbe essere utile» ammise Taylor.

Salutò Cooper e tornò in camera. Seduta di fronte al suo computer, si sentì un'impostora. Come poteva pensare di scrivere una storia d'amore intensa e sexy se non ne aveva mai vissuta una?

Sembrava che non bastasse fare delle ricerche per raccontare tutti quei sentimenti e quelle sensazioni che cercava Cooper. Ripensò a Rob Ellsworth, il ragazzo con cui era stata per due anni, ai tempi dell'università e che aveva creduto avrebbe sposato. In quel momento, le era molto chiaro che era stata una relazione confortevole per entrambi. Vivevano insieme, studiavano insieme e facevano l'amore. Ma non avevano mai provato il desiderio bruciante di stare insieme, di fare progetti per il futuro. Era tutto così... semplice. Era per quella ragione che aveva voluto che il suo ultimo libro fosse migliore, più profondo, più complesso?

CAPITOLO 25
TAYLOR

Al loro arrivo, la caffetteria era affollata. Trovarono Dani seduta nel dehors con Bethany Beckman, che aveva preso una pausa al suo negozio di articoli regalo.

Dani li chiamò con un cenno. «Unitevi pure a noi.»

Cooper seguì Taylor al tavolo e le spostò la sedia per farla accomodare.

«Che gentiluomo» commentò Bethany con un sorriso.

Taylor fece le presentazioni e poi si rivolse alla sorella. «Che fate di bello?»

«Io e Bethany stavamo parlando di alcuni degli oggetti decorativi che ha ordinato Whitney, e anche di altre sue idee. Ma in realtà è solo un pranzo tra amiche. E voi che fate qui?» chiese Dani.

Taylor si voltò a guardare Cooper.

«Stiamo facendo delle ricerche per il libro» sorrise lui. «Avete entrambe un aspetto magnifico.»

Le guance di Bethany presero una sfumatura rosa intenso. «Grazie. Stai parlando a una donna incinta che comincia appena a venire a patti con i cambiamenti del suo corpo. Quindi la tua affermazione è più che mai benvenuta.»

Dani ridacchiò. «Per quanto mi riguarda, un complimento del genere è sempre benvenuto.»

Taylor studiò gli occhi di Cooper, che si erano illuminati durante lo scambio di battute, e si rese conto di quanto fosse attraente. Il modo in cui stava parlando alle altre due le fece sentire una punta di gelosia, ma respinse quel sentimento. Non faceva parte della loro ricerca.

Passò Nick, nella sua uniforme e le salutò con un cenno. Non riuscì a trattenere un sorriso. La città poteva anche essere piccola, ma aveva lo sceriffo più sexy in circolazione.

«Sei pronta a ordinare?» Cooper attirò la sua attenzione. Una cameriera era arrivata al loro tavolo.

«Oh, certo» replicò, già sapendo che avrebbe preso una *Caesar salad*.

La cameriera prese le loro ordinazioni e se ne andò.

A quel punto fu Cooper a distrarsi osservandola allontanarsi.

«La cameriera è molto carina, vero, Cooper?» lo punzecchiò Dani.

Lui scoppiò a ridere. «Come va con i lavori al cottage? Ho sentito che stanno ridipingendo le pareti. È un bel passo avanti.»

«Sì,» confermò Dani «ma è solo un passo. Ce ne sono molti altri da fare, ancora. Mancano ancora i pavimenti e le finiture in legno. E stiamo pensando di aggiungere una veranda chiusa, o magari un'altra stanza. E ancora non abbiamo messo piede in soffitta. Ma per quello c'è tempo.»

«Per via del fantasma?» chiese Cooper.

«Il fantasma? Che fantasma? Stai parlando della signora Maynard?» Bethany respinse la sua obiezione con un gesto. «È solo una vecchia storiella. Garth mi ha raccontato tutto.»

Taylor non riuscì a bloccare il brivido lungo la schiena. Avrebbe dovuto vivere nel cottage per diversi mesi prima di poter credere che fosse davvero così.

«Ci sono ancora diverse decisioni da prendere» spiegò Dani. «Ma dovremmo comunque riuscire a trasferirci in autunno.» Poi si irrigidì, notando che era arrivata JoEllen insieme a un'altra infermiera di Woodlands. Le vide seguire una cameriera fino a un tavolo d'angolo.

Dopo che ebbero preso posto, JoEllen si alzò e venne verso

di loro. «Ciao Dani, Taylor.» Sorrise a Cooper. «Mi spiace di perderti come vicino, ma possiamo sempre essere amici.» Si sporse in avanti, in modo da offrirgli una migliore visuale della profonda scollatura a V della maglietta, che portava sopra la gonna corta.

«Non credo. Il tuo comportamento mi mette a disagio.» Il tono di Cooper era cortese, ma Taylor notò come la vena sulla sua tempia aveva cominciato a pulsare e il fremito delle sue narici. Si appuntò mentalmente quei particolari.

«Cresci un po'» sbuffò JoEllen, per poi allontanarsi come una furia.

Dopo che se ne fu andata, Taylor si voltò verso Cooper. «Sei stato onesto con lei. Lo apprezzo.»

Lui sogghignò. «Quella donna ha del coraggio. Stamattina mi ha visto che facevo le valigie e mi ha chiesto come mai mi trasferissi, dato che abitavamo così vicini.»

Dani scosse la testa. «Non ha la minima idea di come la vedono gli altri, e non rispetta i limiti che le si danno.»

«Non è una bella combinazione» commentò Bethany. «Noi due non ci parliamo, come avrete notato. Un paio d'anni fa, mentre era in visita qui, ci ha provato con Garth, anche se sapeva benissimo che stavamo per sposarci. Nessuno di noi due è felice di riaverla in città.»

«Dovremmo stare tutti alla larga da lei» disse Dani.

Arrivarono le loro ordinazioni e per un po' calò il silenzio, mentre cominciavano a mangiare.

Nel frattempo però, Taylor non smise di studiare gli altri avventori. Alla ricerca com'era delle emozioni degli altri, si rese conto con sorpresa del fermento che li circondava. Bob Bullard e la moglie, Edie, che lavorava con lui alla ferramenta, stavano avendo un sommesso litigio su qualcosa, mentre Estelle Bookbinder, la proprietaria della libreria Pages, era immersa in una profonda conversazione con un'altra donna in là con gli anni e, di tanto in tanto, scoppiava a ridere.

Spostando ancora lo sguardo, notò di avere attirato l'attenzione dell'amico di Ross, Mike Dawson. Quando lui le sorrise sentì che le guance diventavano bollenti. Abbassò gli occhi, ma si accorse che quelli di Cooper erano fissi su di lei. Tornò a concentrarsi sulla sua insalata.

Quando ebbero finito di pranzare, Cooper salutò Dani e Bethany. «Grazie per averci invitato al vostro tavolo. È stato un piacere conoscerti, Bethany, e rivederti, Dani.»

«Dobbiamo rifarlo» disse Bethany. «Sono sempre bloccata al negozio, ma dovrei uscire più spesso, mi fa bene.»

Cooper si alzò per aiutare Bethany ad alzarsi e Taylor osservò la scena con interesse. Sembrava particolarmente gentile con lei, di certo perché era incinta. Sapeva comportarsi da vero gentiluomo, quando voleva.

Dopo pranzo, Taylor e Cooper tornarono a casa a piedi. Fu grata di quel tempo che le permetteva di riflettere, mentre camminavano. Cooper andò avanti, ma quando si rese conto che lei non faceva nessuno sforzo per restare al passo, rallentò.

«Siamo in campagna, ricordi? Non c'è bisogno di correre» lo prese in giro.

Lui rise. «È l'abitudine, non è una cosa che posso cambiare dall'oggi al domani. Devo fare esercizio.»

Taylor si fermò a guardare una farfalla monarca che si era posata su un vaso di gerani rossi che adornava un vialetto d'ingresso. «Sono così belle» sussurrò. La creatura dalla livrea arancione e nera sbatté per un attimo le ali, poi si sollevò e volò via.

«Tendo a dimenticare quanto mi manchi questo genere di cose, in città.» Cooper le rivolse un sorriso di apprezzamento.

Lei rimase ferma ancora un attimo, cercando un'altra farfalla.

«Forza, abbiamo del lavoro da fare» la incalzò lui, per poi prenderle la mano.

Il loro magnetismo si accese all'istante e fu come se una corrente elettrica scorresse tra loro, mentre si fissavano con gli occhi sgranati per la sorpresa.

Taylor sfilò la mano, con l'intero braccio in fiamme e cercò di dissimulare il proprio imbarazzo mostrandogli un'altra farfalla che svolazzava lì vicino.

Lui fissò il punto che gli indicava, ma Taylor sapeva che era scosso quanto lei. Aveva descritto scene del genere nei propri libri, ma sperimentare quelle emozioni con lui portava a galla qualcosa di più che una semplice scintilla di attrazione. Era come se ogni fibra del suo essere non chiedesse altro che rannicchiarsi tra le sue braccia. Frastornata dalla propria reazione, si affrettò lungo il marciapiede.

Lui la raggiunse. «Ehi! Dove corri?»

Fu costretta a guardarlo. «Io... io devo tornare a casa.» Voleva nascondergli il proprio imbarazzo, ma non c'era nessun posto a offrirle rifugio, a parte casa.

Riprese a camminare a passo veloce.

Cooper le rimase al fianco. «Ascolta, non volevo metterti a disagio.»

«Non è questo» mentì a entrambi. Ma non voleva affrontare la reazione che aveva avuto al loro contatto lì, in mezzo alla strada. Era probabile che già così, metà degli abitanti di Lilac Lake sapessero che Cooper si era trasferito a casa sua e sospettassero che tra loro ci fosse più che un'amicizia. Quel pensiero la fece sentire ancora più a disagio.

Quando arrivarono a casa, trovarono Dani che li aspettava sulla porta.

«Taylor, verresti al cottage insieme a me? Voglio farti vedere i campioni di cornici per l'area living. Io e Whitney le abbiamo scelte insieme ma, dato che lei non c'è, mi farebbe piacere avere la tua opinione su come stanno in casa.»

«Certo, non c'è problema.» Taylor accolse con sollievo la prospettiva di dover pensare ad altro, a parte l'uomo che le stava accanto.

«Ti va di fare un giro insieme a noi?» Dani chiese a Cooper.

«Grazie, mi piacerebbe.» Il tono di voce sembrava altrettanto sollevato.

Salirono tutti sull'auto di Dani, diretti al cottage.

CAPITOLO 26
DANI

Durante il viaggio, Dani si accorse della tensione erotica tra Taylor e Cooper e sorrise tra sé. Lei e Whitney pensavano che loro due sarebbero stati carini insieme, ma pareva che ci fosse più di quello. Non che i due sembrassero gestire la cosa con facilità. L'esperienza di Taylor con l'amore veniva più dai libri che dall'aver avuto a che fare con un uomo che l'attraeva, in precedenza.

Dani parcheggiò di fronte al garage e, mentre Pirata si lanciava fuori di corsa, accompagnò Taylor e Cooper verso l'ingresso della casa.

«Ah, la vostra roccia mi invita a sedermi al sole. Cosa ne dite se vi aspetto lì?» propose Cooper. «Così voi due potete parlare tranquillamente e io posso approfittarne per godermi un po' di relax.»

«Non ci dovremmo mettere molto» rispose Dani. Aveva bisogno di raffreddare i bollenti spiriti, pensò divertita.

I falegnami avevano montato una sega da banco sul portico.

All'interno, i nuovi muri erano stati intonacati e dipinti di un verde salvia molto chiaro che trasmetteva un senso di calore ai locali ancora spogli.

«Hanno cominciato a montare le cornici nella stanze di sopra» disse Dani. «Per il piano di sotto abbiamo scelto un modello un po' più largo ed elaborato. Prima di farli procedere, vorrei che lo vedessi anche tu e mi dicessi se sei d'accordo. Lo dipingeremo in un colore complementare scelto da Whitney, che deve ancora confermarmelo.»

«Sono sicura che andrà bene» replicò Taylor. «Ha un gusto eccellente.»

Salirono le scale ed entrarono in una delle camere da letto. Un falegname stava fissando la modanatura tra pareti e soffitto con dei chiodi.

«Come ti sembra?» chiese Dani.

Taylor studiò la semplice cornice. «Mi piace. Aggiunge una bella rifinitura alla stanza.»

Tornarono al piano inferiore a esaminare il campione della modanatura scelta da Whitney. Era simile a quella del primo piano, ma una piccola sezione aggiuntiva con un disegno concavo la rendeva più larga e un po' più raffinata.

«Mi piace che anche questa sia semplice. Non credo che starebbero bene cose troppo formali.» Taylor sembrava più emozionata del solito rispetto al cottage. Forse perché stava venendo davvero bene. O perché non avevano visto traccia di alcun fantasma.

Compiaciuta, Dani uscì sul portico, seguita dalla sorella.

Osservandola cercare Cooper con lo sguardo, le posò una mano sulla spalla. «Vai avanti tu. Io farò un giro alla locanda, così da lasciarvi un po' di tempo da soli.»

«Grazie» disse Taylor.

Dani se ne andò. Era evidente che Taylor desiderava parlare con Cooper, e non c'era posto migliore della loro adorata roccia piatta.

CAPITOLO 27

TAYLOR

Quando si avvicinò, trovò Cooper sdraiato sulla pietra calda. Sentendola arrivare, lui si girò su un fianco e sollevò lo sguardo verso di lei con un sorriso sexy.

Taylor sentì il polso accelerare, ma si sforzò di nascondere la propria eccitazione e si sedette.

Anche lui si rimise seduto di fronte a lei, con espressione preoccupata. «Non ho intenzione di farti sentire a disagio. Dobbiamo fare in modo che il nostro progetto funzioni.»

«Non sei tu. Sono io.» Mentre gli occhi le si riempivano di lacrime, Taylor si sentì una perfetta idiota. Sbatté le palpebre e distolse lo sguardo, spostandolo verso il lago. Doveva superare in qualche modo il turbamento che lui le provocava, per via dei sentimenti che sentiva crescere nei suoi confronti. Lo sciabordio dell'acqua sulle rocce la calmò.

Cooper le posò un braccio sulle spalle. «Tu mi piaci, Taylor. Ormai ci conosciamo un po' meglio. Puoi dirmi quello che vuoi, e io ti prometto di non andare oltre.»

Lei continuò a guardare l'acqua, rendendosi conto che non aveva mai avuto un amico maschio prima di allora. Viveva in un epoca in cui le donne non avevano paura di prendersi quello che volevano. Perché esprimere ciò che provava la faceva sentire così in imbarazzo?

«Torniamo a casa a parlare dei personaggi. Così non dobbiamo andare sul personale.» Cooper le tese la mano per aiutarla a tirarsi su e lei la prese.

Per un attimo rimasero fermi, faccia a faccia. Cooper, che era più alto di lei, si chinò a guardarla con tenerezza e le prese il volto tra le mani grandi. «Funzionerà, Taylor. Te lo prometto.»

Lei sollevò il volto verso di lui. I suoi occhi parvero penetrarle dentro, prima che lui si schiarisse la voce e distogliesse lo sguardo. «Credo sia meglio andare.»

«Sì.» Taylor cercò di nascondere la propria delusione. Aveva creduto che stesse per baciarla. Ma era meglio che non l'avesse fatto. Non poteva mettere a rischio la propria carriera perché si sentiva attratta dall'uomo che le aveva fatto dubitare del proprio talento di scrittrice. Sarebbe potuto accadere di nuovo.

Erano appena arrivati davanti al cottage quando Dani riapparve. «Pronti?»

«Prontissimi, grazie» rispose Cooper, per poi strizzare l'occhio a Taylor.

Di nuovo a casa, Taylor tornò alla sua scrivania e si sedette di fronte al computer, per descrivere quello che era appena successo tra Cooper e lei. Nessuno l'avrebbe mai letto, ma le serviva come ricerca per i suoi personaggi, con l'ottica di renderli più profondi. Sapeva che se avesse preso l'abitudine di appuntarsi i suoi stati d'animo, di tanto in tanto, avrebbe potuto ottenere di più dalle sue storie. Le bruciava ammettere che la prima impressione di Cooper sul suo manoscritto era stata corretta. Avrebbe potuto andare più in profondità, rendere i suoi personaggi più stratificati.

Aveva promesso a Cooper di raggiungerlo fuori e, non appena ebbe finito di scrivere, scese al piano terra, felice del lavoro fatto.

Cooper stava prendendo appunti, seduto sul patio. «Ho un suggerimento.»

«Anch'io» disse Taylor. «Ci ho pensato ora, mentre lavoravo di sopra. Penso che dovremmo rivedere il libro un capitolo per volta, con te nella parte del mio eroe e io in quella di Vanessa. Nel mentre, prenderemo degli appunti. In questo modo, potremo apportare dei cambiamenti dal sapore più autentico.»

Cooper sollevò il suo portatile e ridacchiò. «Le menti brillanti ragionano allo stesso modo. E resteremo in territorio sicuro, dato che parleremo dei personaggi e non di noi. Questo ti fa sentire a tuo agio?»

Taylor sorrise. «Sì. Ho già qualche nuova idea sul passato di Vanessa.»

«Vedrai che finiremo in un batter d'occhio.»

Taylor ci sperava, perché per quanto trovasse eccitante l'idea di comprendere meglio i suoi personaggi, le faceva anche paura.

Cooper si alzò in piedi. «Credo che ci verrà meglio se lavoreremo in un ambiente lontano dalla tua scrivania. Potremo parlare in modo più libero.»

«Cos'hai in mente?»

«Potremmo tornare alla locanda. Ho visto che c'erano delle indicazioni di sentieri. Oppure potremmo andare da Stan e fare un giro da quelle parti. Mi hanno detto che da Stan si mangiano i migliori astici e frutti di mare della zona.»

«L'area naturalistica intorno a Stan è famosa anche per il birdwatching. Posso portare il binocolo che ci ha lasciato in cucina Marjorie, la padrona di casa.»

«Così, anche mentre parliamo, possiamo osservare altre cose, e sembrerà meno un interrogatorio.» Cooper sorrise. «E potremmo anche concederci una cena da Stan, sul presto.»

«Sapevo che avevi un doppio fine» rise Taylor.

Gli occhi di Cooper scintillarono mentre sorrideva e si stringeva nelle spalle.

Poco dopo, Taylor occupava il posto del passeggero nella

compatta BMW argento di Cooper. Aveva immaginato che possedesse un'auto più grande, ma lui le aveva spiegato che non avrebbe avuto senso, vivendo in città.

«Ho portato anche un libro sugli uccelli» gli disse. «Ho immaginato che sarebbe carino sapere che cosa stiamo guardando, per quanto GG mi abbia già insegnato a riconoscere molte specie.»

Cooper annuì. «La cosa più importante è essere a nostro agio, così possiamo essere onesti l'uno con l'altra.»

«Parliamo sempre dei nostri personaggi, non di noi. Giusto?»

Cooper ridacchiò. «Certo. Sarà più facile se restiamo fedeli a questo proposito.»

Il rustico edificio a un solo piano che ospitava Stan era tranquillo. C'erano poche auto nel parcheggio, ma Taylor sapeva che più tardi gli spazi liberi sarebbero stati occupati dai clienti venuti per cena.

Scesero dall'auto e rimasero per un attimo fermi a guardarsi sorridendo.

«Che pace c'è qui» disse Cooper. «Vivo nella metropoli da così tanto tempo che i rumori sono diventati una specie di sottofondo musicale costante, che mi accompagna in tutte le attività quotidiane.»

A Taylor piaceva che lui notasse cose come quella. Magari era per quello che si era mostrato così esigente con il suo libro. Anche l'ambientazione andava rafforzata.

Passarono sul retro di Stan per prendere il sentiero che costeggiava il ruscello. Taylor si fermò per un attimo a guardare il lento movimento dell'acqua, che abbracciava le rocce emerse come se fosse riluttante a lasciarle andare. Un paio di legnetti viaggiavano spinti dalla corrente, due avventurieri che andavano verso l'ignoto.

Cooper sopraggiunse alle sue spalle e le sussurrò:

«Guarda! Un picchio.»

Cercò con lo sguardo il punto che le indicava e scorse la macchia rossa sulla nuca dell'uccello nero e bianco. «È un picchio lanuginoso.»

Cooper le sorrise. «Mi sa che è meglio se lo dai a me, il binocolo. Pare che tu non ne abbia bisogno.»

Taylor rise. «Procediamo sul sentiero. Ci sono delle panchine più avanti. Possiamo andare a parlare lì.»

Il ruscello si insinuava nel bosco e lo seguirono fino a una radura dove era stata posizionata una panchina di legno.

«Qui è perfetto» affermò Taylor. Si sedette e fece cenno a Cooper di raggiungerla.

«Va bene, allora cominciamo da Vanessa. Come mai è così insicura riguardo all'amore e a se stessa?» Cooper la guardò serio.

«Allora, Vanessa ha una sorella minore che riceve molte attenzioni, per cui si interroga sul proprio ruolo in famiglia.»

«Ha avuto un fidanzato, prima di incontrare Tom, giusto?» chiese Cooper.

«Ha avuto una sola relazione seria, ma non è durata. Non c'era abbastanza passione» disse Taylor, a cui piaceva l'idea di ricreare il suo personaggio.

«Perciò, di base, è inesperta?»

Taylor sentì il bisogno di difenderla. «È piuttosto popolare, ma è timida.»

«E ha sempre provato un senso di inferiorità, magari?»

Taylor ci pensò su. «Sì, penso che all'inizio fosse quello a trattenerla. Mostreremo così la sua crescita.»

Cooper le rivolse un sorriso di approvazione.

«E che mi dici di Tom?» chiese lei. «Io lo descrivo come un tipo molto sicuro di sé, ma può darsi abbia anche lui un segreto nel suo passato. Cosa dovremmo fare con lui?»

Cooper si grattò il mento, pensieroso. «Cosa ne dici se il

suo retroscena fosse legato al padre? Potremmo dire che il padre ha avuto successo in qualsiasi attività, e che Tom ha sempre voluto mostrarsi alla sua altezza.»

«Oppure, il padre potrebbe avere abbandonato lui e le sue due sorelle, quando era solo un bambino» suggerì Taylor, che cominciava a farsi prendere dal gioco degli "e se". Vide un'ombra di tristezza passare sul volto di Cooper e trattenne il fiato. Dato che lui non diceva niente, sussurrò: «È quello che è successo a te?»

Cooper emise un sospiro, si alzò e si spostò verso la riva del ruscello. Raccolse un sasso e lo lanciò molto lontano, nell'acqua. Poi si voltò verso di lei. «Non c'è molto da dire. Mio padre e mio nonno sono rimasti uccisi in un incidente su un piccolo velivolo privato, insieme al pilota, che era un amico di mio padre.»

Taylor avvertì un capogiro e trattenne il fiato. «È terribile. Quanti anni avevi?»

«Nove.» Cooper le voltò di nuovo la schiena.

Taylor si alzò e lo raggiunse. «Mi dispiace tanto.» Gli prese la mano. «Dev'essere stato tremendo per te e la tua famiglia. È per questo che è così fondamentale per te occuparti della casa editrice?»

«È un po' più complicato di così. Essere a capo di una piccola casa editrice non è come gestire una qualunque azienda di famiglia. Noi abbiamo una direzione editoriale, composta da persone che guidano e a volte contestano le nostre decisioni.»

«È a causa dell'incidente che tua madre è finita a capo della casa editrice?»

«Sì. Ha lottato per quella posizione e ha vinto, perché mio padre si era sempre affidato a lei. Era naturale che prendesse il suo posto e lei ne è stata felice, anche se doveva occuparsi allo stesso tempo di me e di mia sorella.» Le lasciò la mano.

«Scusa, siamo andati fuori tema.»

«No, è positivo invece che abbiamo parlato del tuo passato, così posso rendere più forte quello di Tom. Potremmo dire che il padre era un pompiere, morto in un incendio, ed ecco perché lui è così devoto al proprio lavoro.»

Tornarono a sedersi sulla panchina e presero degli appunti. Ma, mentre scriveva, Taylor non riusciva a smettere di pensare al dolore di un bambino di nove anni che aveva perso nello stesso giorno il padre e il nonno, e a come quel dolore avrebbe condizionato tutto il resto della sua vita. A quell'età sapeva di essere stata ancora una bambina piccola, per molti versi, dipendente dal solido amore e dal supporto che entrambi i suoi genitori le offrivano.

Dopo un po', Cooper sollevò lo sguardo su di lei. «Mi sembra che il nostro metodo funzioni. Ora dobbiamo andare un po' più in profondità. Cos'è che Vanessa vuole davvero, qual è la cosa più importante per lei?»

Taylor rimase per un attimo a fissare il ruscello e ad ascoltare il canto di un cardinale rosso. Avrebbe potuto anche mentire, ma a che scopo? Non c'era ragione di farlo. Augurandosi che Cooper credesse che stava parlando solo della sua protagonista, rispose: «Vanessa vuole dei figli. Fa la maestra e si chiede come sarebbe avere una famiglia tutta sua. Forse perché le piacerebbe condividere l'eccitazione che provano i bambini quando scoprono nuove cose di se stessi e del mondo.»

Cooper le sorrise. «Mi piace. Penso, da quel che dici, che sarebbe un'ottima madre e lo penserà anche il lettore. Quindi inseriamolo all'inizio del libro.»

«E per quanto riguarda Tom?» chiese Taylor. «Cosa vuole lui?»

Cooper le rivolse uno sguardo confuso. «Non sono sicuro di cosa voglia più di ogni altra cosa.»

«Anche lui desidera una famiglia?» Dopo averlo chiesto, Taylor distolse lo sguardo. Le sembrava di aver posto la domanda a Cooper.

«Credo che Tom voglia dimostrare che suo padre sarebbe orgoglioso di lui. Potresti dire che il padre era un duro, ma anche un uomo gentile, ed è così che vuole essere anche Tom.»

«Mi piace. Perciò all'inizio del libro potremmo mostrare il suo lato più duro, così che lo sviluppo risulti solido.» Taylor sorrise. «Già mi piacciono i cambiamenti che stiamo facendo.»

«Anche a me» disse Cooper, prendendole la mano. «Non ho mai desiderato ferirti. Volevo solo che ti rendessi conto che la storia doveva avere più profondità. E siamo solo all'inizio. Ma per oggi va bene così. Possiamo buttare giù degli appunti più tardi. Andiamo a goderci la nostra cena da Stan. Mi hanno detto che il cibo è da urlo.»

«Ci sto» accettò Taylor con un piccolo brivido, dato che Cooper le stava ancora tenendo la mano. Il calore che avvertiva la terrorizzava, perché era chiaro che si stava innamorando di lui.

Misero via i loro portatili e ripresero il sentiero in direzione di Stan.

All'interno del locale, diversi clienti stavano cominciando a occupare gli sgabelli del bar, mentre altri si erano riversati verso i tavoli.

«Menomale che siamo arrivati presto» commentò Cooper, mentre aspettavano che una cameriera li accompagnasse al tavolo.

Una volta che gliene fu assegnato uno, Cooper le tenne la sedia in modo galante, prima di prendere posto di fronte a lei.

«In estate, le serate sono più lunghe e cominciano prima» rispose Taylor, guardandosi attorno. «Quando sono in vacanza, le persone non stanno a guardare troppo gli orari.»

«A New York le estati scorrono lente, i ritmi sono più rilassati, dato che molti residenti cercano di fuggire dalla calura. Se non riescono ad andare via per un'intera settimana, quantomeno si prendono due o tre giorni di vacanza.»

«Avevi fatto riferimento a Long Island. È lì che la tua famiglia trascorre l'estate?»

«Non l'intera estate, ma diversi fine settimana lunghi. Quando eravamo piccoli, comunque, mia sorella e io passavamo quasi tutta l'estate lì con la signorina Bidwell, la nostra governante, che chiamavamo affettuosamente Biddy.» Gli angoli della sua bocca si incurvarono al ricordo felice. «La vedo ancora, di tanto in tanto. Ora è anziana e vive in una casa di riposo fuori città.»

«Sei molto carino ad andarla a trovare.» Taylor era positivamente colpita.

«Mia madre era sempre molto occupata, perciò Biddy è stata una presenza fondamentale per noi, specialmente dopo l'incidente di mio padre» replicò Cooper. «Parlare di Tom, il tuo personaggio, ha riportato a galla alcuni ricordi.»

«Quando eravamo al lago, hai detto di avere fatto canottaggio al campeggio estivo» gli suggerì Taylor, mossa da sincero interesse per l'uomo che stava cominciando a conoscere.

«Ci sono andato per diversi anni, dopo la morte di papà, ma anche i periodi che trascorrevo a Long Island erano divertenti. Andavamo in barca, e ci eravamo fatti degli amici. Frequentavamo tutti lo stesso collegio nel nord dello stato di New York. Noi che siamo rimasti ad abitare nei dintorni ci vediamo ancora, di tanto in tanto.»

«È bello che tu abbia ancora degli amici d'infanzia» commentò Taylor. «La maggior parte delle ragazze con le quali sono cresciuta vivono ancora nel Sud, ma ci teniamo in contatto attraverso i social media. Ho qualche amica a New York e, naturalmente, le mie colleghe scrittrici.»

La cameriera portò loro una caraffa d'acqua e i menu. «Cosa vi porto da bere?» chiese, versando l'acqua nei bicchieri.

«Io prenderò una delle vostre IPA alla spina» disse Cooper. «Tu cosa prendi, Taylor?»

Lei scelse un calice di Pinot Noir e poi si dedicarono a esaminare i menu.

«Cambio idea ogni minuto» sbuffò Taylor. «Sembra tutto delizioso.»

«È uno dei privilegi delle donne» ridacchiò Cooper. «Scegli pure cosa ti pare, io mi prenderò un classico Fish and Chips.»

«Mmh... mi ingolosisce, ma penso che prenderò il roll di astice. Per coronare questa speciale giornata d'estate.»

La cameriera tornò con le loro bevande e prese i loro ordini. Poi, Taylor si appoggiò allo schienale e si guardò attorno con interesse. Era sorprendente quanti dettagli notava e immagazzinava nella mente per usarli nelle sue storie.

«Grazie» disse Cooper, risvegliandola dai suoi pensieri.

Cercò il suo sguardo. «Per cosa?»

«Per aver deciso di collaborare al mio progetto sul tuo libro. È una maniera di aiutare anche me, sai. Mia madre si aspetta che un giorno io assuma il ruolo di responsabile delle acquisizioni.»

«È quello che vorresti fare?»

«Sì. Scovare talenti e aiutarli a crescere non è un lavoro adatto a tutti. E io vorrei diventare il migliore.» Le rivolse un sorriso imbarazzato. «So che nel mio approccio con te sono stato goffo. È stato un terribile errore e ti chiedo scusa.»

«Grazie per averlo detto» rispose Taylor. Anche lui aveva molto da imparare, ma prendeva il proprio lavoro con serietà.

CAPITOLO 28
WHITNEY

Il volo per Los Angeles fu uno dei momenti più brutti della vita di Whitney. Il pensiero continuava a tornare ai momenti migliori e peggiori che aveva vissuto con Zane. Era difficile credere che fossero stati così ingenui, ai tempi dei loro esordi nel mondo dello spettacolo, che fosse stato così semplice innamorarsi. Zane era uno degli uomini più belli che avesse mai incontrato, vero, ma c'era di più, lui aveva un nucleo di vulnerabilità che gliel'aveva reso più caro. Finché era durata, la loro storia era stata qualcosa di speciale, questo finché l'adorazione dei fan aveva cominciato a essere un problema. Lei sapeva perché, ovviamente, ma gli altri non sospettavano nemmeno quanto lui se ne considerasse indegno, all'inizio.

Whitney sospirò e guardò fuori dal finestrino, stanca di cercare di trattenere le lacrime per paura di attirare l'attenzione. Quando si era trasferita a Lilac Lake si era tagliata i capelli di un paio di dita e portava sempre un cappellino da baseball e occhiali da sole. Eppure, la gente la fissava lo stesso. Si rannicchiò sul sedile e fissò la crescente oscurità al di là del vetro, mentre l'aereo sfrecciava indifferente verso ovest.

Dopo l'atterraggio, Whitney si diresse verso l'area ritiro bagagli, dove la sua agente, Barbara Griffith, l'aspettava insieme all'autista della limousine. Barbara era una donna autorevole, con i capelli grigi tagliati corti che ben si accordavano ai suoi lineamenti decisi. Alla sua sola vista, Whitney scoppiò a piangere, liberando tutte le lacrime che aveva trattenuto sull'aereo.

Barbara la abbracciò e le parlò con dolcezza. «Ora ti porto via da qui e saremo in ospedale il prima possibile. Dove sono le tue valigie?»

«Ne ho una sola. È turchese, con un nastro turchese legato sopra.»

«Va bene.» Barbara riferì le indicazioni all'autista e poi accompagnò Whitney all'auto, camminando davanti a lei come una leonessa che fa strada al suo cucciolo.

Whitney la seguì e si infilò grata sul sedile del passeggero della limousine, apprezzando che avesse i finestrini oscurati.

«Zane è ancora vivo?» chiese, con un tremito nella voce.

«Sì, ma la situazione è grave. Se anche dovesse svegliarsi, i medici sono preoccupati per il suo cuore e il suo cervello.» Gli occhi di Barbara si riempirono di lacrime. «Ha lasciato un biglietto per te.»

«Avrei dovuto restargli accanto» singhiozzò Whitney.

«Non dire così. Hai fatto tutto quel che hai potuto per aiutarlo. Lui sapeva che gli volevi bene. È questo l'importante. Credimi, questa non è la prima volta che vedo qualcuno rimanere invischiato nella droga e non sarà nemmeno l'ultima. Se non chiedono aiuto, non c'è mai un lieto fine.»

«Ho provato a dirglielo, tante volte.» Whitney si portò una mano allo stomaco, colpita da un'ondata di nausea.

«Devi sapere che la stampa è a conoscenza del fatto che Zane ti ha lasciato un biglietto. Vorranno sapere cosa c'è scritto, ma io ho già dichiarato che sono informazioni molto personali e che non è corretto divulgarle.»

«Come se servisse a qualcosa» commentò Whitney, senza cercare di nascondere l'amarezza nella voce.

«Affronteremo una cosa per volta. Ti suggerisco di dire il meno possibile. È positivo che tu ti fossi già ritirata dalla serie. D'altro canto, questo evento drammatico potrebbe aiutarti, quando vorrai cercare di lavorare di nuovo.»

Whitney emise un suono disgustato.

«Lo so che sembra brutto, ma il mio lavoro è quello di tenerti in attività e di aiutarti a continuare ad avere successo. Oltretutto, sono solo discorsi futuri. Non stiamo parlando di adesso.»

Whitney fece un profondo sospiro. Grazie al cielo, aveva deciso di restare a Lilac Lake, nell'immediato futuro.

Quando arrivarono all'ospedale, c'erano alcuni paparazzi davanti all'entrata, ma non quanti Whitney aveva temuto. Attese che Barbara scendesse dall'auto e poi la seguì a testa bassa, fissando i propri piedi, finché non si ritrovò dentro.

Barbara ignorò la reception e si diresse sicura agli ascensori, dal che Whitney ne dedusse che aveva passato molto tempo in quell'ospedale. Ma, dopotutto, anche Zane era suo cliente.

Al terzo piano, furono indirizzate verso la sua camera privata, nel reparto Rianimazione.

Vedendolo collegato a un respiratore e agli altri macchinari che lo tenevano in vita, Whitney trattenne un singhiozzo. La persona in quel letto era solo l'ombra dell'uomo di cui si era innamorata. Un'ondata di rabbia la colse alla sprovvista. Aveva cercato mille volte di metterlo in guardia sulla strada pericolosa che aveva preso, mille volte gli aveva detto che ci sarebbe stata, per lui, se le avesse chiesto aiuto. E alla fine era stato troppo tardi.

Un'infermiera si avvicinò a Barbara e la invitò a uscire con lei. Whitney le sentì parlare e seppe che le notizie erano cattive. Si avvicinò a Zane e gli prese la mano.

«Cos'hai fatto?» gli sussurrò. «Dovunque tu sia, ti auguro il meglio. Porta con te il mio amore.» Quando si chinò a baciargli la guancia, una lacrima scivolò silenziosa. Quando distolse lo sguardo da lui, si accorse che Barbara era rientrata.

«È finita» disse lei, senza trattenere il pianto. «L'infermiera mi ha spiegato che l'hanno tenuto in vita solo per aspettare il tuo arrivo.» Poi le voltò le spalle e cominciò a singhiozzare.

Whitney corse da lei e poi sentì che le gambe le cedevano, rendendola instabile. Si aggrapparono l'una all'altra, piangendo. Quando l'avevano conosciuto, Zane era un ragazzo così affascinante, così pieno di vita...

«Qualche mese fa, Zane mi ha designata come suo tutore legale» disse Barbara, con voce tremante. «Sospetto che sapesse che non ce l'avrebbe fatta. E ora sono io a dovermi assicurare che l'ospedale rispetti il Testamento Biologico che gli ho fatto firmare, quando un legale ha stilato le sue disposizioni testamentarie.»

Whitney le carezzò la schiena. «Lui sapeva che avresti rispettato la sua volontà. Si fidava di te.»

«Oh, che disastro, che orribile triste disastro. Ne ho viste di cose brutte, nella mia carriera, ma questo mi spezza il cuore. Voi due insieme eravate il sogno di ogni spirito romantico. E adesso, quattro anni dopo, è tutto finito.» Barbara cercò di rimettersi dritta. «Whitney, tesoro, cosa posso fare per te?»

«Ti chiedo solo di esserci, per le persone che lo amavano, di aiutarle a ricordare la persona che era. Quella di cui un tempo mi sono innamorata.» Era come se stessero parlando di un estraneo. L'estraneo che era diventato Zane.

CAPITOLO 29
DANI

Soddisfatta del lavoro di progettazione dell'edificio di Anthony Albono a Providence, Rhode Island, Dani riprese la via di casa. Era ansiosa di rivedere Brad. Anche se erano passati solo un paio di giorni, le pareva molto di più. La sua presenza e l'amore che condividevano erano fonte di una gioia che colmava il suo essere, e quando lui non c'era ne sentiva la perdita.

Udì lo squillo del cellulare. *Whitney.*

Dani premette il pulsante sul cruscotto dell'auto e la voce della sorella risuonò nell'abitacolo. «Pronto? Dani?»

«Ciao, sorellona. Ti ho messo in vivavoce, sono in macchina. Come stai? Come sta Zane?»

Udì un singhiozzo trattenuto. «È finita, Dani. Non c'è più. Non c'è più niente che possa fare per lui.»

«Mi spiace così tanto, Whitney. Cos'è successo?»

«Non si è mai risvegliato dal coma. Il personale della rianimazione l'ha tenuto collegato alle macchine solo per darmi il tempo di arrivare, poi Barbara li ha informati del Testamento Biologico che Zane aveva firmato, di recente. Era come se sapesse che sarebbe successo.»

«E il messaggio che ti ha lasciato?» Le si strinse il cuore sentendo che Whitney rinunciava a combattere le lacrime e scoppiava a piangere.

«Il messaggio diceva che mi ha sempre amata, anche quando non sembrava» riuscì a rispondere, alla fine. «Mi ha anche chiesto di onorare ciò che un tempo c'era tra noi, con ciò che mi ha lasciato.»

«Cosa intendi?»

Quando rispose, la voce di Whitney tremava. «Ha lasciato a me tutti i suoi averi.»

«Oh.» Dani si chiese se era una cosa buona oppure no. Di sicuro, c'era del denaro in ballo, ma anche una serie di altre cose da gestire. «E la cosa ti sta bene?»

«Sì. Quando le cose andavano bene, avevamo parlato più volte di cosa potevamo fare con tutti i soldi che stavamo guadagnando. Sarò felice di farlo.»

«E per il funerale?»

«Barbara era anche l'agente di Zane. Insieme abbiamo deciso di tenere in sospeso per un po' la questione delle esequie. Lui aveva tagliato i ponti con la propria famiglia. Non aveva mai conosciuto suo padre, e la madre aveva problemi di droga. Aveva una sorella maggiore, che se n'era andata di casa quando lui aveva solo undici anni, ed era stato un duro colpo per lui. Ma aveva amici e colleghi qui.»

«Posso fare qualcosa?» chiese Dani.

Whitney fece una pausa, poi le chiese, con voce rotta: «Saresti disposta a venire a Los Angeles per qualche giorno, finché non sistemiamo le cose? Mi sento così persa. So che la mamma verrebbe volentieri, ma sai che quando vede una di noi che sta male si trasforma in una chioccia che difende i suoi pulcini. Taylor invece sta lavorando con Cooper e non voglio interromperli.»

«Ma certo che vengo. In questo momento stavo tornando a Lilac Lake dal Rhode Island, invece mi fermerò al mio appartamento di Boston e prenderò il primo volo possibile per Los Angeles. Ti faccio sapere quando arrivo.»

«Grazie, grazie mille» disse Whitney. «Le mie emozioni sono sulle montagne russe, e ho bisogno della stabilità che sai darmi tu.»

«Puoi contarci.» A Dani fece piacere scoprire che sua

sorella riponeva tanta fiducia nella sua possibilità di aiutarla.

Si salutarono, poi Dani chiamò Brad per informarlo del cambio di programma.

«Capisco» disse lui, dopo che gli ebbe spiegato la situazione. «Farei lo stesso per la mia famiglia. Ma sbrigati a tornare, appena ti sarà possibile. Mi manchi da morire.»

Le labbra di Dani si incurvarono in un sorriso. «Non quanto mi manchi tu. Ti chiamo non appena arrivo a Los Angeles.»

Al telefono con Whitney era rimasta calma, ma quando si ritrovò sola, sulla strada per Boston, Dani si rese conto di quanto la sua richiesta l'avesse sconvolta. Sua sorella si era sempre fregiata della propria autonomia, ma al telefono le era sembrata un relitto alla deriva.

CAPITOLO 30
TAYLOR

Taylor chiuse la chiamata con Whitney, turbata dalla profondità del dolore della sorella e dal suo stato emotivo. Si era offerta di raggiungerla a Los Angeles, ma Whitney le aveva fatto capire che desiderava che continuasse a lavorare con Cooper, mentre Dani sarebbe andata in California in rappresentanza della famiglia. Era dolce, da parte sua, preoccuparsi tanto per la sua carriera. Ma, del resto, l'aveva sempre sostenuta, nel suo desiderio di diventare scrittrice.

Taylor si alzò dalla sedia sul patio, dove stava discutendo del libro con Cooper e attraversò il prato in direzione della zona in cui la padrona di casa aveva piantato le rose. Accorgendosi che si era mossa, Pirata e Mindy si svegliarono dal loro pisolino e la seguirono, da bravi cani fedeli.

Taylor si chinò ad annusare una rosa color cipria; aveva bisogno di qualcosa di intensamente vivo, qualcosa di reale per placare i suoi pensieri. Il profumo la colmò di un senso di meraviglia. Per quanto la vita potesse essere dura e dolorosa, piccoli incanti come quelle bellissime rose sembravano riequilibrarla. Zane aveva solo dieci anni più di lei, a trentacinque anni si era troppo giovani per morire. Come le sue sorelle, Taylor si era tenuta lontana dalla droga. Non aveva mai provato interesse per qualcosa che avrebbe potuto incasinarle la mente. Aveva già una vivida immaginazione e non voleva che nulla la contaminasse o la distruggesse.

Cooper arrivò dietro di lei e le posò una mano sulla spalla. «Tutto bene? Che succede?»

Si voltò verso di lui, che le asciugò una lacrima con il pollice.

«Raccontami» la invitò, con espressione preoccupata.

«Si tratta di Zane Blanchard. È morto. Non si è risvegliato dal coma. In realtà l'hanno mantenuto in vita artificialmente, solo per permettere a Whitney di dirgli addio. Lei l'ha presa molto male. Mi spiace così tanto. Tutta la situazione è così dolorosa. Aveva solo trentacinque anni.»

«Sì, è davvero triste.» Cooper scosse la testa.

«Io non ho mai assunto droghe. Avevo promesso ai miei genitori che non l'avrei mai fatto.» disse Taylor.

«Ai tempi dell'università, mi è capitato di fumare erba, come tanti, ma ora che lavoro nell'azienda di famiglia me ne tengo alla larga.» Le rivolse un sorriso mesto. «Ho già abbastanza problemi come editor. Non ho bisogno di droghe che mi incasinino ancora di più.»

Si sorrisero e poi Cooper le prese la mano. «Forza. Torniamo alle nostre persone immaginarie. Siamo quasi alla fine del primo capitolo.»

«Va bene.» Avevano già concordato sulle caratteristiche e i problemi dei due protagonisti ed erano passati a come presentare i personaggi ai lettori. Ora che ne sapeva di più sulla loro storia, Taylor li amava ancora di più.

Più tardi, decisero di andare al cottage. Aaron aveva promesso di lasciare là la sua canoa, dopo averla usata lui quella mattina.

Davanti alla casa era parcheggiato il furgone di uno dei subappaltatori, il piastrellista.

«Sembra che finalmente stiano sistemando i pavimenti» disse Taylor con un sorriso. «Tra poco potremo finalmente metterci i mobili. Era compito di Whitney, per cui ci vorrà un po', ma non c'è fretta. Io e Dani abbiamo preso in affitto la casa fino alla fine di settembre.»

Prese la borsa con i teli da bagno e le creme solari, mentre

Cooper tirava giù la piccola borsa frigo in cui avevano messo limonata, frutta fresca e biscotti.

Camminarono fino all'ingresso della casa. Il portico aveva ancora bisogno di essere ristrutturato e anche la facciata doveva essere ridipinta. Non avevano ancora deciso se aggiungere una veranda chiusa sul retro e la soffitta non era ancora stata toccata.

Sulla porta c'era un cartello che intimava: *Vietato entrare! Pavimenti in fase di rifinitura.*

Cooper lasciò uscire un gemito. «Un giorno vorrei riuscire a entrare a vedere se trovo il vostro fantasma.»

Taylor lo bloccò con un gesto. «Non dirlo nemmeno. Non voglio turbare la pace della casa in nessuna maniera.»

Lui rise e la squadrò con un sorrisetto ironico. «Hai paura.»

«E anche se fosse?» replicò Taylor. «Non sono l'unica a sentirmi a disagio là dentro.»

«Ti sto solo prendendo in giro. Sbrighiamoci a entrare in acqua. Oggi si muore di caldo.»

Taylor si affrettò a obbedire. Spogliarsi della maglietta e dei pantaloncini che portava sopra al costume e sentire l'acqua fresca del lago sulla pelle sarebbe stata una sensazione fantastica. Era bello che lei e Cooper lavorassero all'aperto, in quelle giornate calde, perché le sembrava più semplice parlare del libro senza lo schermo del suo computer a fissarla.

Taylor gettò da parte i vestiti e cominciò a spalmarsi la crema solare su braccia e gambe.

«Vuoi che te la metta sulla schiena?» chiese Cooper.

«Grazie.» Gli tese il flacone.

Rimase immobile mentre lui si versava la lozione sul palmo e si disse di rilassarsi quando la sua mano le toccò la schiena. Mentre lui spalmava, piccoli brividi si irradiavano sotto il suo tocco e dovette impegnarsi per non mugolare per l'effetto che le stava facendo.

«Hai freddo?» le chiese.

Taylor scosse la testa. «No, dev'essere l'effetto dell'arietta che si è sollevata.» Poi si rese conto che non c'era nemmeno un alito di vento attorno a loro.

Lo sentì ridacchiare e non si voltò, sicura che avrebbe visto un sorrisetto spavaldo sulla sua faccia. E perché non avrebbe dovuto essere compiaciuto? Non era l'unica donna che aveva una cotta per lui. Era un bell'uomo, e anche molto più gentile di quanto avesse creduto all'inizio.

Quando ebbe finito di spalmarle la crema sulla schiena le restituì il flacone. «Lo faresti a me?» Così dicendo le voltò le spalle e lei ebbe modo di osservare per un attimo il suo corpo. Non era né troppo magro né troppo grosso, i suoi muscoli mostravano l'effetto di un allenamento non eccessivo. Si versò la crema sul palmo e cominciò a frizionargli la schiena, godendosi la sensazione del suo corpo scolpito sotto i polpastrelli.

Quando ebbe finito, disse: «Fatto» e gli restituì la bottiglietta.

Lui si voltò e fece scivolare lo sguardo sulle sue labbra. Notò che nel nocciola dei suoi occhi era comparso un lampo verde. Rimase immobile per un attimo, le rivolse uno sguardo interrogativo e poi fece un passo verso di lei, la prese tra le braccia e la baciò.

Travolta da un'ondata di desiderio, udì in modo vago il suono che le sfuggì dalle labbra mentre lui la stringeva più forte.

Quando si separarono, Cooper sorrise e le prese il volto tra le mani. «Wow» mormorò. «Questo sì che devi metterlo nel tuo libro.»

Taylor rise, felice come mai prima di allora. E quando lui la baciò di nuovo, più profondamente, lei rispose.

Dopo alcuni minuti, le prese la mano. «Andiamo. Credo di aver bisogno di un tuffo nell'acqua fredda.»

Lei lo bloccò. «Non è una cosa saggia. Io e te. Noi due dovremmo lavorare insieme.»

«Lo so.» Cooper sostenne il suo sguardo preoccupato. «Mia madre non ne sarebbe felice. Sono qui per lavorare.»

«Forse è meglio restare solo amici.» Mentre lo diceva, Taylor avrebbe voluto piangere.

«Troppo tardi.» Cooper la attirò tra le sue braccia e la baciò di nuovo. «Per ora sarà il nostro segreto. Continueremo a lavorare sul libro. Se viene bene, tutto il resto passerà in secondo piano.»

«Va bene» si affrettò a dire Taylor. L'idea di non potersi godere quello che stava nascendo con Cooper le risultava devastante. Non era certo la prima volta che un uomo la baciava, ma mai così. Era come se il bacio le fosse entrato nell'anima, riportando in vita il suo corpo in un modo intenso quanto il desiderio che la incendiava.

Cooper sorrise e le prese il volto tra le mani. «Va bene, ora rilassiamoci. Potremo parlare ancora un po' del libro dopo aver nuotato e essere andati in canoa.»

Quando mise i piedi nell'acqua, Taylor riuscì a sentire che era fredda contro la pelle, ma il fuoco del bacio di Cooper la scaldava ancora dall'interno. Lui le rimase al fianco per un attimo e poi fece qualche passo per tuffarsi infine di testa sotto la superficie scintillante.

Quando riemerse, aveva i capelli scuri incollati alla faccia.

Lei rise e lo seguì nell'acqua, avvicinandosi a lui a lunghe bracciate.

Rimasero a galleggiare uno di fronte all'altra, finché Cooper disse: «Mi sono preso una bella cotta per te, Taylor.»

«Anch'io» rispose lei, prima di sporgersi a baciarlo.

Le loro gambe si intrecciarono, poi si separarono.

«Vediamo chi arriva prima alla roccia» disse Taylor. «Dopo che mi sarò riscaldata, voglio fare quel giro in canoa di cui parlavi. Dobbiamo tenerci occupati.»

Senza aspettarlo, nuotò verso il masso piatto con bracciate forti e costanti.

Lui la raggiunse in tempo per arrampicarsi insieme a lei sulla pietra.

Taylor, che si era legata i capelli in una coda di cavallo, si sfilò l'elastico e li scosse.

Sdraiato accanto a lei, Cooper la guardava. «Sei bella, lo sai?»

«Whitney è quella bella» rispose lei senza pensarci. «Io sono la timida.»

Cooper aggrottò la fronte e si mise seduto. «Ehi! Non permettere a nessuno di rinchiuderti così in una categoria. Puoi essere bella e anche timida. E lo sei.»

Taylor lasciò uscire il fiato. «Quando ero più piccola, pensavo di non far parte davvero della mia famiglia, perché le mie sorelle erano bionde e bellissime.»

«Da chi hai preso tu?»

«Da mio padre. Sapevo che era un bell'uomo, ma non potevo specchiarmi in lui. È sciocco, lo so, ma allora lo pensavo. Più avanti, io e le mie sorelle abbiamo imparato ad apprezzare ciò che ci differenzia. Il loro padre biologico era un alcolizzato ed è morto in un incidente automobilistico. Mio padre è il secondo marito della mamma. Ha adottato Whitney e Dani quando erano piccole.»

«È chiaro che tu sia diversa da loro. Non certo meno bella.»

Le labbra di Taylor si incurvarono. «Ti ringrazio.»

Lui la trascinò giù con sé sulla roccia calda e rimasero sdraiati uno accanto all'altra con il sole in viso, finché Taylor non lo sentì russare piano e chiuse gli occhi.

Più tardi, si accorse che Cooper accanto a lei si stiracchiava e aprì gli occhi per trovarlo che la fissava.

«Ciao» le disse, percorrendo le sue labbra con un dito, prima di baciarla.

Poi si mise seduto. «Ho deciso di non raccontare nulla di te a mia madre. Meno ne sa, meglio è. In circostanze normali vorrei che lei sapesse quel che provo per te. Ma non posso permettere che qualcosa metta in discussione il nostro lavoro. La cosa ti dispiace?»

«No, lo capisco» rispose Taylor. «Cercherò anch'io di non dire a nessuno della nostra relazione, ma sarà più dura, perché le persone qui ci vedranno insieme.»

«Non sopporterei di esserti d'ostacolo per ottenere un successo ancora maggiore» disse Cooper. «Hai dimostrato quanto ci tieni a fare sempre meglio. Solo un vero scrittore si sottoporrebbe a un esercizio come quello che ti ho proposto.»

«Non preoccupiamoci di questo, ora» lo interruppe Taylor. «Godiamoci quel che resta del pomeriggio. Stasera, se vuoi, possiamo confrontare i nostri appunti. Ho già pensato ad alcuni elementi che vorrei aggiungere.»

«Sono felice di essere qui con te. So quanto sei triste per Whitney.»

Il cellulare di Taylor squillò. *Crystal.*

«Ciao, Taylor. Ti va di uscire stasera? Sarah Bullard è venuta in città per qualche giorno, per vedere i suoi e aiutarli al negozio di ferramenta. Le piacerebbe rivederci tutte. Ho chiamato anche Dani e Whitney, ma nessuna delle due risponde al cellulare.»

«C'è una ragione, purtroppo.» Taylor le raccontò cos'era successo.

«Mi spiace tanto per Whitney. Una volta mi ha raccontato quanto l'aveva amato. Era troppo giovane per morire.»

«Sì, è una disgrazia.» Taylor non poteva che augurarsi che la sorella riuscisse a cavarsela con tutti i paparazzi che di sicuro sarebbero arrivati come api sul miele. Sperava che Dani li tenesse lontani.

«Ti va se ci vediamo da Jake verso le sei? Puoi portare anche Cooper» disse Crystal. «A proposito, come sta andando la vostra collaborazione? Hai capito che non era così male come pensavi all'inizio?»

«Qualcosa del genere» rispose Taylor. «Verrò senz'altro, e chiederò a Cooper se vuole unirsi a noi.»

«Grazie. Sarah vive in Florida, per cui non viene qui tanto spesso. Siamo rimaste in contatto, in questi anni, e sono eccitata per il suo ritorno, anche se resterà solo pochi giorni.»

«Sarà divertente rivederla, anche se magari non si ricorda di me» disse Taylor. «È più vicina alla tua età.»

«Tutti quanti in città conoscono le ragazze Gilford» replicò Crystal. «Vedrai che le farà piacere rivederti. Se senti Whitney, falle le condoglianze da parte mia, per favore.»

«Lo farò.» In passato, la passione comune per la musica e la danza aveva legato molto Whitney e Crystal, e quell'estate erano state felici di riallacciare i rapporti.

Taylor la salutò e si rivolse a Cooper. «Era Crystal. Ci ha invitati da Jake stasera, con un gruppo di vecchi amici. I genitori di Sarah Bullard sono i proprietari del negozio di ferramenta in città. Lei è venuta a trovarli per qualche giorno, e vuole riunire la compagnia. Io ho detto di sì, ma tu non sei costretto, se non ti va.»

Cooper fece spallucce. «Ci verrò volentieri. Mi piace Crystal, è divertente.»

«Va bene. Adesso è arrivato il momento del nostro giro in canoa.»

Taylor e Cooper raggiunsero la piccola imbarcazione che Aaron aveva tirato sulla spiaggia e la rivoltarono, controllando che ci fossero remi e cuscini salvagente.

«Tutto a posto» affermò Cooper. «Mi serve che tu la afferri

da quella parte. Io la prenderò dall'altra ed entrerò in acqua, come ha fatto Aaron l'altro giorno.»

Insieme, calarono la canoa in acqua e poi Cooper la tenne ferma per far salire Taylor.

«Tieniti forte» la avvisò poi. Balzò fuori dall'acqua e si issò sul bordo della canoa, contorcendosi finché non riuscì a salirci dentro. «Aaron fa sembrare questa manovra più semplice» commentò, mentre faceva passare le gambe all'interno e si accomodava a poppa.

Taylor ridacchiò e prese il suo remo. Inginocchiata a prua, sfiorò l'acqua prima da un lato dello scafo e poi dall'altro, assicurandosi di inclinare correttamente la pagaia, prima di affondarla di nuovo.

Dal suo posto a poppa, Cooper dava la direzione con lunghe vogate.

C'erano poche persone sul lago, in barchette a remi o canoe. Una coppia navigava in pedalò.

Taylor fu felice quando li ebbero superati tutti e riuscì a illudersi che fossero gli unici sul lago. Rimasero in silenzio, dirigendosi verso la sponda più lontana, dove una squadra di operai era al lavoro per costruire un molo per i residenti dei Meadows.

Quando fecero ritorno al cottage, le braccia di Taylor bruciavano per lo sforzo di vogare. Si rese conto che passava troppe ore al computer e che aveva bisogno di fare più esercizio fisico. Cooper sembrava fresco come una rosa.

Più tardi, mentre si preparavano per andare a cena da Jake, Taylor prese il cellulare con l'idea di sentire Whitney per capire come stava. Fu felice di accorgersi che, mentre era in doccia, Dani le aveva scritto che era arrivata a Los Angeles e che lei e Whitney l'avrebbero chiamata l'indomani.

Con un'ultima occhiata allo specchio, Taylor si sistemò la

camicia bianca di lino che aveva indossato sopra a pantaloni color tabacco, sempre di lino, e si regalò un cenno di approvazione.

Quando riemerse dalla propria stanza, si trovò davanti Cooper che l'aspettava con un sorriso dipinto sul volto e si rilassò. Cominciava ad abituarsi ad avercelo in giro per casa. Quel pensiero la rese felice.

CAPITOLO 31
DANI

Durante lo stressante volo verso Los Angeles, Dani ripensò a Whitney e a tutto quello che Zane le aveva fatto passare negli ultimi quattro anni, e si sentì più grata che mai che lei e Brad si fossero trovati. Le faceva molto piacere anche che lui avesse compreso la sua necessità di stare accanto alla sorella, sebbene questo si fosse messo tra i loro piani.

Sapeva benissimo che in molti pensavano che la vita di Whitney fosse perfetta: era bellissima, faceva un mestiere invidiabile, lavorava con persone interessanti... Ma Dani sapeva quanto duro impegno ci metteva nel suo lavoro e quanto era sensibile ai bisogni degli altri. Quell'estate insieme alle sue sorelle era un dono di GG, e Dani era certa che avrebbe cambiato le loro vite per sempre. Per lei era già così.

Accettò una bottiglietta d'acqua dall'assistente di volo e continuò a guardare fuori dal finestrino. L'aveva conosciuto, Zane. Era un uomo affascinante e complicato e a un certo punto aveva adorato Whitney. Ma più tardi, quando la droga si era presa tutta la sua vita, aveva cominciato a criticarla, ferendola più di quanto avrebbe mai immaginato. La serie televisiva, alla fine, si era trasformata nel loro unico momento di interazione.

In pochi conoscevano la vera ragione per la quale Whitney era così contraria alle droghe. Dani era molto piccola quando il padre era morto mentre guidava sotto l'effetto di sostanze. Ma Whitney era abbastanza grande da ricordarsi di come si comportava, quando era strafatto o ubriaco. Per quello, anche se talvolta si concedeva un bicchiere di vino, non avrebbe mai assunto droghe, né frequentato qualcuno che lo facesse.

Quando l'aereo atterrò e i passeggeri cominciarono a scendere, Dani afferrò la borsetta e il piccolo bagaglio a mano e si mise in fila, con il cuore che le martellava nel petto al pensiero di ciò che l'aspettava.

Controllò il cellulare e vide che Whitney le aveva mandato un messaggio per avvisarla che la sua agente sarebbe venuta a prenderla nell'area ritiro bagagli.

Dani seguì la fiumana di passeggeri che si recava a riprendere le proprie valigie e si guardò attorno, cercando Barbara Griffith. Individuò una donna dai lineamenti decisi e i corti capelli grigi, che reggeva un cartello su cui era scritto semplicemente DANI.

Le andò incontro con un senso di gratitudine. «Ciao, Barbara, sono Dani Gilford. Sono felice di conoscerti.» Si sistemò il bagaglio sulla spalla e le tese la mano.

Barbara le sorrise e le regalò una forte stretta. «Che bello conoscerti. Sono felice che tu sia qui. È un momento difficile. Hai solo quel bagaglio?»

Dani annuì. «Ho preso le prime cose che ho trovato.»

«Vieni con me. C'è un autista che ci aspetta.» Barbara la guidò verso una limousine nera.

L'autista prese il suo bagaglio e Dani si infilò sul sedile posteriore insieme a Barbara, grata dei finestrini oscurati per assicurare la loro privacy.

«Mi spiace così tanto che Zane non ce l'abbia fatta.» Dani non riuscì a celare il tremito nella propria voce.

Gli occhi di Barbara diventarono lucidi. «Anche a me.» Le lacrime presero a scorrerle sulle guance. «Ho provato a parlare a Zane della sua dipendenza, gli ho persino fatto compilare le sue ultime volontà e il suo Testamento Biologico. Era come se sapessi che sarebbe successo.»

Dani prese la mano di Barbara e gliela strinse. La donna di

ferro di cui le aveva parlato Whitney non era poi così dura.

La limousine si fermò davanti a una grande villa in stucco bianco con il tetto rosso, situata in un esclusivo quartiere di Beverly Hills.

Dani scese dall'auto e attese che l'autista recuperasse il suo bagaglio e Barbara lo pagasse. Poi la seguì all'interno della casa.

«Ehi?» chiamò Barbara.

Whitney arrivò di corsa e si gettò tra le braccia di Dani. «Sono così felice che tu sia qui. Oh Dani, è stato terribile vedere Zane in quel modo, sapere che non c'era più.» Si prese il volto tra le mani, con le spalle scosse dai singhiozzi. Quando sollevò di nuovo lo sguardo, le lacrime le solcavano le guance inarrestabili. «Avrei dovuto fare di più. Avrei potuto salvarlo.»

Dani sostenne il suo sguardo. «Hai fatto del tuo meglio per aiutarlo. Non puoi controllare le scelte degli altri. L'ultima decisione era sua. Ti prego, non incolparti.»

«So che hai ragione, ma è una morte così insensata.» Strinse le labbra. «Sapeva che si stava uccidendo con la droga, e che stava rovinandosi la carriera. Aveva già distrutto il mio amore e il mio rispetto per lui. Sono così arrabbiata perché non mi ha dato retta.»

Dani annuì comprensiva. La rabbia, lo sapeva, era una delle fasi del lutto.

«Iniziamo con il sistemarti, Dani» intervenne Barbara. «Condividerai una suite per gli ospiti con Whitney, come ha chiesto lei. Magari, più tardi, vi andrà di passare un po' di tempo insieme in piscina. Ci aspettano un paio di giorni duri.»

«Grazie mille. È tutto perfetto.»

Whitney la prese a braccetto. «Volevo che condividessimo la camera, come quando eravamo bambine. Forza. Ti accompagno.»

Attraversarono l'ampio soggiorno che si apriva sul giardino e la piscina e passarono in un'ala separata della villa.

Dopo aver superato un salottino e un bagno per gli ospiti, una doppia porta in fondo al corridoio si apriva su una vasta suite composta da un'area living dotata di caminetto e due letti matrimoniali. Verso il fondo, su un lato, si apriva una cabina armadio piena di specchi e scaffali, accanto a un'enorme sala da bagno con vasca e doccia doppia. Una porta di vetro opacizzato conduceva alla piscina esterna.

«Barbara dev'essere una donna di grande successo» commentò Dani appoggiando il suo bagaglio. «Questo posto è magnifico.»

«Se la passa molto bene perché è una grande agente» replicò Whitney. «È stata meravigliosa con me, in tutto questo disastro.» Sospirò e i suoi occhi si riempirono di nuovo di lacrime. «E voleva bene anche a Zane. Lo amavamo tutti, del resto, all'inizio.»

Dani la strinse di nuovo tra le braccia. «Cosa posso fare per aiutarti? Hai detto che Zane ti ha lasciato tutto. Cosa significa?»

«Allora, dovremo presentare il testamento al tribunale di successione, annullare le sue carte di credito e informare le persone. Zane desiderava essere cremato e Barbara si sta occupando di tutti gli aspetti organizzativi. Lei pensa che dovrei svuotare la casa di Zane dei suoi effetti personali, il prima possibile. Non ho intenzione di tenermi quella proprietà e la metterò in vendita non appena potrò farlo.» Scosse la testa. «Ci sono così tante cose da fare.»

«Una cosa per volta» disse Dani, carezzandole la schiena. «Ce la puoi fare. E io sono qui per aiutarti.»

«Grazie. Barbara sta scrivendo il suo necrologio, da inviare alla stampa. Parlerà lei con i produttori della serie e si occuperà di quella parte della faccenda. Io mi occuperò delle questioni private, come ho detto. Domani vorrei che mi accompagnassi a casa sua a vedere cosa c'è.»

«Dove si trovava, quando è finito in overdose?» Dani fece un passo indietro, scrutando Whitney con espressione preoccupata.

«A una festa. Qualcuno l'ha mollato al pronto soccorso e se n'è andato. Non è terribile?»

«È terribile sì. Ma il fatto che non sia successo a casa sua ci renderà le cose più semplici.» Dani provò un moto di sollievo all'idea che non si sarebbero trovate davanti una scena traumatizzante.

«Sì.» Whitney guardò fuori dalla finestra con aria smarrita.

«Andiamo un po' in piscina e proviamo a rilassarci. Non ho pensato di portarmi il costume da bagno, ma mi siederò fuori con te.»

«Non c'è problema. Barbara ha una collezione di costumi da bagno per gli ospiti» la informò Whitney.

Dani scosse la testa all'idea di Barbara che aveva costumi per tutti, ma si sentì grata. Dopo essere partita in fretta e furia aveva bisogno di un po' di tempo per riprendersi.

CAPITOLO 32
TAYLOR

Per quanto non avesse conosciuto bene Sarah Bullard da bambina, Taylor era felice di essere stata invitata alla rimpatriata organizzata da Crystal. Era proprio quel senso di comunità che le faceva pensare che sarebbe stato bello vivere tutto l'anno a Lilac Lake.

Lei e Cooper arrivarono da Jake e si diressero verso un tavolo d'angolo che avrebbe potuto ospitare otto persone o anche dieci, se si fossero stretti.

Crystal sollevò la mano per salutarli e una donna che era seduta di spalle si voltò, la guardò e le sorrise. Rivedendola, la sua mente le restituì l'immagine dell'adolescente che era stata. Mora, con gli occhi azzurri e il fisico robusto, Sarah era sempre stata una persona solare, simpatica tanto ai ragazzi quanto alle ragazze. Il tempo non aveva cambiato quell'aria amichevole che la circondava e, quando si alzò per abbracciarla, Taylor fu felice di ricambiare.

«Che bello ritrovare una delle ragazze Gilford» esclamò Sarah. «Mi hanno detto che tu e le tue sorelle potreste trasferirvi qui.»

«Almeno per una parte dell'anno, a parte Dani, che dopo aver sposato Brad Collister, vivrà di sicuro qui in pianta stabile.» Poi posò la mano sul braccio di Cooper. «Ti presento Cooper Walker. È l'editor che sta lavorando con me al mio nuovo libro.»

«Solo l'editor, eh?» la stuzzicò Crystal, facendola arrossire.

Ignorandole entrambe, Cooper strinse la mano a Sarah. «È un piacere conoscerti.»

«Sedetevi, voi due» disse Crystal. «Dovrebbe passare anche Nick, e Aaron ha detto che sarebbe venuto. Anche Brooks, il fratello di Garth, ha detto che forse verrà, mentre Garth e Bethany non potevano. Ho già spiegato la situazione di Dani e Whitney.»

«Non è facile riunire le persone, lo capisco» disse Sarah. «Io resterò solo qualche giorno, per aiutare i miei genitori, anche se sarei in vacanza, a dire la verità. Ho due gemelle di quattro anni e mio marito mi ha dato qualche giorno di riposo.»

«Gemelle? Dev'essere dura» commentò Taylor. Da che si era innamorata di Cooper aveva fantasticato su un futuro con lui. Ma fantasticare e sentirsi pronta erano su due pianeti diversi.

Sarah rise. «È una fatica doppia, ma anche un doppio divertimento. Però stiamo pensando di avere un altro bambino e allora sì che sarà dura. Mi dicono tutti che tre sono faticosi da gestire. Ma Taylor, come va con i tuoi libri? Ne ho letti due e mi sono piaciuti. Molto appassionanti.»

«Grazie» rispose Taylor, facendo uno sforzo per non voltarsi verso Cooper con un sorrisetto compiaciuto.

«Quando esce il prossimo?» le chiese Sarah. «O dovrei chiederlo al tuo editor?»

Taylor rise del suo sorrisetto sardonico. «Puoi chiederlo a me, ma la risposta dipende da entrambi. Ci stiamo lavorando assieme. E dopo che avremo finito, io comincerò a lavorare al prossimo.»

«Non pensi che ti mancherà New York, se decidi di trasferirti qui? Ai miei piacerebbe che venissimo a vivere a Lilac Lake, ma io non sono pronta.»

«Non ho ancora preso una decisione definitiva» ammise Taylor. «Ho ancora il mio appartamento a New York e non voglio mollarlo, per il momento.»

Arrivò Aaron e tutti si strinsero per fargli spazio.

Lui e Sarah si fissarono per un istante e poi lui, che era ancora in piedi, si chinò a darle un bacio sulla guancia. «Mi hanno riferito che te la passi bene. Ne sono felice» disse, sedendosi.

«Grazie» rispose Sarah, avvampando. Questo ricordò a Taylor che da ragazzini Sarah e Aaron si erano frequentati.

Il cellulare di Cooper squillò. Lui lo guardò e si voltò verso Taylor. «Devo rispondere, è mia sorella.» Ascoltò per un istante, poi scattò in piedi e cominciò a dirigersi a grandi passi verso l'uscita.

Preoccupata, Taylor lo seguì.

Lo trovò seduto su una panchina fuori dal bar, con il cellulare all'orecchio e l'aria sconvolta.

Si sedette accanto a lui, in attesa.

«Va bene, se la mamma sta bene sul serio, aspetterò e partirò domattina in auto. Non avrebbe senso lasciare la mia macchina qui. Di' alla mamma che le voglio bene e che ci vediamo domani.»

Non appena lo vide chiudere la chiamata, Taylor domandò: «Che succede?»

Cooper la guardò con espressione cupa. «Era mia sorella, Candace. Mia madre ha avuto un lieve infarto. Non è in pericolo di vita, ma deve stare a riposo e cominciare ad alleggerire il suo carico di lavoro. Vuole vederci entrambi domani pomeriggio. La terranno ricoverata in ospedale per un paio di giorni e poi dovrà fare riabilitazione.»

«Oh Cooper, mi spiace così tanto. Spero davvero che si riprenda. So quanto le vuoi bene. Cosa posso fare per aiutarti?»

«Stasera farò le valigie, in modo da poter partire presto domattina. Vorrei essere lì il prima possibile, ma Candace ha ragione. Non è saggio guidare di notte, dopo essere uscito.»

«Vuoi che torniamo subito a casa?»

Cooper annuì. «Ti dispiace?»

«No, certo che no. So quanto sei preoccupato. Torno subito. Lasciami solo avvisare gli altri che ce ne andiamo.»

A casa, i cani li salutarono abbaiando e ululando di gioia. Taylor accarezzò Pirata sulla testa e prese in braccio Mindy, felice di avere qualcosa da abbracciare, mentre tutti i progetti di passare del tempo con Cooper andavano in frantumi. Una volta tornato a New York, occupato a gestire gli affari di famiglia, di certo non avrebbe più avuto tempo per prendere il sole su una roccia nel New Hampshire.

Cooper salì nella camera di Whitney, dove si era sistemato, e cominciò a mettere via la sua roba nella valigia e nello scatolone che si era portato.

Taylor rimase seduta fuori a guardare i cani che giocavano in giardino, chiedendosi se fosse la fine della sua relazione con Cooper. Si rimproverò per il proprio egoismo, ma sapeva che il sentimento che sentiva crescere verso di lui era reale.

Cooper venne a raggiungerla sul patio. «Mi dispiace di dover partire così, ma so che mi capisci. Dovremo lavorare al libro a distanza. Ti prometto che leggerò tutto, qualunque cosa succeda. E ricordati che possiamo mandarci dei messaggi o sentirci al telefono, ogni volta che sarà possibile. Se vuoi, puoi spedirmi un capitolo alla volta.»

Taylor scosse la testa. «Apprezzo davvero tutto l'aiuto che mi hai dato fin qui. Nella mia testa, è già un libro molto diverso.»

«Sono felice di sentirtelo dire» replicò asciutto Cooper. Era tornato al tono professionale.

Taylor sentì le lacrime che le pizzicavano gli occhi, ma le scacciò. Doveva essere d'aiuto a Cooper.

Lui si fermò, in piedi davanti a lei e poi la tirò su, tra le sue braccia. «Questo non cambia quello che provo per te. Non ho idea di cosa mi riservi il futuro, di come si metteranno le cose nei prossimi giorni o mesi. Ma resterò in contatto, te lo prometto.»

Sollevò lo sguardo su di lui e una lacrima le solcò la guancia. Se l'asciugò con il dorso della mano. Cooper la strinse più forte e le rivolse un sorriso triste. «Mi sono innamorato di te, Taylor. Questo non cambierà.» La cullò tra le braccia mentre lei si aggrappava al suo corpo. Le sollevò il viso e la baciò.

Taylor chiuse gli occhi, godendosi il sapore delle sue labbra, il suo odore.

Quando si separarono, lui disse: «Penso sia meglio che vada a dormire un po'. Me ne andrò alle prime luci dell'alba, cercando di non far rumore.»

«Vuoi che mi alzi a farti il caffè, o la colazione, o altro?»

«No, ti ringrazio. Sarà più facile per me scivolare fuori dalla porta. Non sono mai stato forte con i saluti.»

Taylor lo capiva, anche se i suoi occhi si colmarono di lacrime.

Lui le prese il volto tra le mani e la fissò come a volerla memorizzare, poi posò di nuovo le labbra sulle sue.

Taylor si lasciò trasportare dalla passione che divampava in lei, mettendo da parte quel momento nella mente per quando, già lo sapeva, avrebbe sentito da morire la sua mancanza.

Quando si separarono, lui le rivolse il sorriso più triste che avesse mai visto e poi si diresse di sopra.

Taylor attese finché non fu certa che si fosse addormentato, per poi rifugiarsi nella propria stanza insieme ai cani, con la prospettiva di passare quella che sapeva sarebbe stata una notte agitata.

Taylor non avrebbe saputo dire quando si era finalmente addormentata. Le sembrò che fossero passati pochi minuti, prima che i cani si stiracchiassero e lei sentisse il rumore dell'auto di Cooper che usciva dal vialetto. Si alzò e corse alla finestra, ma, quando guardò fuori, tutto quello che riuscì a vedere furono i fanali posteriori che la fissavano come occhi mostruosi.

Con un dolore al petto che non aveva mai provato prima, si rannicchiò di nuovo a letto e abbracciò un cuscino, desiderando poter abbracciare Cooper.

CAPITOLO 33
DANI

Dani fece la solita chiamata mattutina a Brad, perché aveva bisogno di sentire la sua voce. Avevano preso l'abitudine di cominciare ogni giornata con reciproche dichiarazioni d'amore e di sostegno. In quel momento ne aveva più bisogno che mai, pensando alla giornata stressante che l'aspettava, a Los Angeles.

Aveva ancora il sorriso stampato in faccia dopo aver parlato con lui, quando chiamò Taylor per chiederle come se la passavano lei, GG e i cani.

Taylor rispose con un apatico "ciao".

«Ehi, va tutto bene?»

«Non proprio. Cooper è partito stamattina, per stare accanto a sua madre che ha avuto un piccolo attacco di cuore. Non ha in progetto di tornare.»

«E il vostro lavoro?» Dani era sconcertata.

«Finiremo la revisione online, e al telefono. Mi ha promesso di leggere tutto quanto, a ogni costo. Lui e la sorella, Candace, hanno un appuntamento oggi con la madre per discutere come gestire la casa editrice, ora che lei sarà costretta a rivedere il proprio carico di lavoro.»

«Oh, mi dispiace.» A Dani non sfuggì qual era il vero problema. «Provi qualcosa per lui, non è vero?»

Il sospiro tremante di Taylor era già una risposta. «Non mi sono mai sentita così, per nessuno. So che lui prova lo stesso per me, ma mantenere il controllo dell'azienda di famiglia è più importante. E io lo capisco. Sul serio, però non so se proverò mai più qualcosa del genere per qualcun altro.»

«A me pare che tu stia saltando alle conclusioni un po' troppo in fretta, come minimo. Può dare una mano all'azienda di famiglia e anche avere una relazione con te» disse Dani con calma. «Come continuo a ripetere a Whitney, affronta le cose un giorno alla volta.»

«Come sta lei?» chiese Taylor. «Ho visto un breve servizio sulla morte di Zane al telegiornale. Come dicono tutti, la sua morte è una vera disgrazia.»

«Stiamo affrontando la situazione, una cosa alla volta. Ci sono un sacco di piccoli aspetti di cui occuparsi... conti da chiudere, burocrazia. Una volta che avremo sistemato queste cose torneremo a Lilac Lake. Il funerale sarà celebrato in un secondo momento, dopo che le acque si saranno calmate. L'ultima cosa che Whitney vuole è un circo mediatico.»

«La capisco. Dille che Mindy sente la sua mancanza, ma sta bene. E anche Pirata.»

«È un sollievo sapere che sono in mani amorevoli. Cosa posso fare per te?»

«Ti ringrazio, ma non c'è nulla che tu possa fare. Come hai detto, devo solo andare avanti, un passo per volta. Solo a dirlo mi sento già più forte.»

«Va bene» disse Dani. «Non vedo l'ora di tornare lì. Ci sentiamo presto.» Dani chiuse la chiamata e rimase per un attimo seduta a pensare. Di certo la vita aveva i suoi alti e bassi.

CAPITOLO 34

WHITNEY

Mentre entravano nella casa in cui aveva abitato Zane, Whitney si sorresse al braccio della sorella. C'era stato un tempo in cui aveva pensato che avrebbe vissuto lì con lui. Ma era anche la casa in cui il loro amore era finito.

Si trattava di un piccolo ma adorabile bungalow nel quartiere di Brentwood Glen. Era una perfetta prima casa, con le sue tre camere da letto e i tre bagni. Poterne comprare una era stato un grande passo per lui, nato e cresciuto in povertà. Whitney aveva sempre rispettato la sua scelta. L'aveva anche aiutato a selezionare la maggior parte degli arredi, e aveva collaborato con un decoratore di interni, con l'idea che un giorno avrebbero potuto vivere lì insieme.

Quel giorno, non appena mise piede nell'ingresso, tutto tornò ad assalirla: l'amore, le droghe, le liti, il disgusto.

«È un casino» disse piano Dani e Whitney trasalì, tornando al presente.

Osservò i cuscini del divano sparsi in giro, i bicchieri vuoti sul tavolino, gli abiti disseminati ovunque e deglutì il nodo in gola. «Dopo che avremo passato in rassegna tutto e avremo portato via i suoi effetti personali, farò venire un'impresa di pulizie a rimettere tutto in ordine.»

Si spostarono da una stanza all'altra, valutando i danni. Come aveva detto Dani, l'appartamento era in condizioni disastrose, ma, per quanto potesse vedere, non c'erano danni strutturali.

«Cosa ne dici se io comincio dalla cucina e dal soggiorno?» suggerì Dani, con in mano un paio di sacchi della spazzatura che aveva preso a casa di Barbara.

Whitney le fu grata per la possibilità di restare sola a passare in rassegna le cose di Zane in camera da letto. I suoi abiti in condizioni accettabili sarebbero stati dati in beneficenza, il resto sarebbe finito al macero.

Aveva assunto un'impresa discreta per venire a occuparsi di quel compito; si era assicurata che non fossero il tipo di persone pronte ad approfittarsene, sapendo a chi erano appartenuti quei vestiti.

Mentre lavorava nella camera da letto di Zane, fu sopraffatta da una miriade di emozioni. Era lo stesso luogo in cui avevano fatto l'amore, e in cui l'aveva sorpreso a letto con le due prostitute. Trovò una delle sue felpe preferite, ora rovinata da bruciature di sigaretta. I ricordi si affollavano dentro di lei, ma era ben decisa ad andare avanti, riempiendo un sacco dopo l'altro.

Per ultimo, si diresse alla scrivania.

Nel primo cassetto trovò una propria fotografia in cui guardava nell'obiettivo e sorrideva. Quell'immagine fu ciò che fece crollare la diga. Ricordava il momento in cui lui gliel'aveva scattata, dicendole quanto l'amava, il giorno in cui si erano dichiarati a vicenda.

Si sedette sul letto e pianse, dicendosi che era davvero la fine di tutto ciò che avevano condiviso. Era costretta ad andare avanti, e per questo avrebbe dovuto mettere da parte i ricordi, fino a quando non fosse stata pronta ad affrontarli.

Diverso tempo dopo, qualcuno suonò al citofono.

Whitney non si mosse, per paura di essere vista, mentre Dani andava alla porta.

Per fortuna, non erano paparazzi, ma solo l'impresa che aveva assunto per portare via le cose di Zane.

Whitney uscì allo scoperto. «Grazie per essere venuti. Ho

passato in rassegna gli indumenti nella camera da letto padronale e li ho separati in due mucchi distinti. Potete aiutarmi a metterli nei sacchi. Nelle altre stanze non c'è niente da portar via, e ci siamo già occupate dello studio.»

Rimase a guardare le due donne dell'impresa di pulizie che si mettevano al lavoro. Ben presto portarono fuori i sacchi di abiti in un grosso SUV, mentre quelli che erano ancora appesi alle grucce venivano caricati su un altro mezzo. Più avanti, dopo la validazione del testamento, sarebbero tornate per vendere i mobili, prima di mettere sul mercato anche il bungalow.

«È sempre triste svuotare una casa della sua personalità» le disse una donna, posandole una mano sul braccio. «Ma la sua generosità sarà apprezzata da molte persone. Mi auguro che questo le offra un po' di conforto.»

«Sì, è così. Anche il ricavato della vendita dei mobili andrà in beneficenza» rispose Whitney, prima di ringraziarle.

Dani la raggiunse, la cinse con un braccio e rimasero così a guardare i veicoli carichi delle cose di Zane che si allontanavano.

«Ho portato degli scatoloni, per quello che vuoi conservare» mormorò poi Dani.

Tornarono dentro a ultimare il lavoro. I premi di Zane, i dipinti di valore e gli effetti personali nello studio, incluso il computer, erano tutte cose che Whitney voleva tenere, in attesa di decidere cosa farne.

Alla fine, dopo aver dato una sistemata, abbastanza per permettere all'impresa di pulizie di fare il suo lavoro, Whitney e Dani se ne andarono.

Una volta fuori, Whitney fece una pausa per gettare un ultimo sguardo alla casa, ricordando quanto Zane fosse stato orgoglioso di esserne il proprietario.

Sorpresa per la quantità di lacrime che il suo corpo riusciva a produrre, distolse lo sguardo e si allontanò.

CAPITOLO 35
TAYLOR

Troppo irrequieta per lavorare al libro, Taylor pulì la camera di Whitney, mise a lavare le lenzuola e si ripeté di smetterla di guardare l'orologio. Prima di poterla chiamare, Cooper doveva avere il tempo di arrivare a casa e sistemarsi.

Una delle sue attività preferite, da bambina, quando qualcosa la preoccupava, era sfornare dolci. Andò in cucina, perlustrò la dispensa e infine decise di preparare dei biscotti alla melassa. Suo padre ne andava matto. E forse sarebbero piaciuti anche a Cooper, se mai avesse avuto la possibilità di assaggiarne uno.

Mentre tirava fuori l'ultima teglia dal forno, il suo cellulare squillò. Appoggiò la teglia bollente sopra i fornelli e andò a rispondere. *Cooper.*

«Ciao» lo salutò, emozionata dal fatto che la chiamasse mentre era ancora in viaggio.

«Ciao. Volevo ringraziarti di nuovo per avermi dato l'opportunità di lavorare insieme al tuo libro» rispose lui. «Sono felice che siamo diventati amici e forse anche qualcosa di più. Non voglio dimenticare il tempo che abbiamo trascorso insieme e non lo farò. Poco ma sicuro.»

Taylor rimase in silenzio. Suonava proprio come un addio.

«Ci sei?» chiese Cooper.

«Sì, sono qui» gli rispose, troppo agitata per aggiungere altro.

«Non ho idea di cosa mi aspetti a casa, ma voglio che tu sappia che, qualunque cosa succeda, non ho intenzione di mettere fine a quello che è appena nato tra noi.»

Sollevata, Taylor rispose: «Quello che abbiamo condiviso è molto speciale. Non lo metterò da parte, solo perché le circostanze ti hanno portato via da Lilac Lake. Ti chiedo solo di non sparire, tutto qua.»

«Grazie, Taylor.» La sua voce appariva più serena. «Dovevo sapere cosa provi per me, cosa pensi di noi due. Non stavo mentendo quando ti ho detto che mi sono innamorato di te. Voglio scoprire cosa ci riserva il futuro.» Un forte suono di clacson risuonò poco distante. «Devo andare» disse Cooper. «Ti chiamo più tardi.»

«Va bene, a presto.» Taylor chiuse la chiamata e si lasciò cadere su una sedia della cucina. Il profumo dei biscotti appena sfornati riempiva l'aria ma non se ne accorse nemmeno, persa com'era nel ricordo dei baci di Cooper.

Sentì un naso freddo che le dava dei colpetti contro la mano e la sollevò in automatico per grattare Pirata dietro le orecchie.

Mindy pretese le stesse attenzioni abbaiando e Taylor dovette obbedire. Ma i pensieri rimasero incatenati alle parole di Cooper. In qualche maniera, avrebbero fatto in modo di far funzionare la loro relazione.

Seduta fuori insieme ai cani, mentre li guardava giocare e respirava l'aria fresca del mattino, Taylor si sentì piena di determinazione. Tornò in casa e riempì un piatto di biscotti per GG. Sapeva che ne sarebbe stata entusiasta. In cambio, sperava di ricevere il suo punto di vista sugli ultimi sviluppi con Cooper.

Quando Taylor entrò nella stanza, trovò GG seduta fuori nel suo patio a leggere. Vedendola fu travolta da un'ondata di puro amore. La nonna era sempre stata al suo fianco.

«Ehi!» la chiamò, per non spaventarla.

GG sollevò gli occhi dalle pagine del libro e le rivolse un

sorriso che le scaldò il cuore. «Ciao, tesoro. Che gioia vederti.»

«Grazie. Ti ho portato una sorpresina.» Mentre si chinava a baciarle la guancia, Taylor le mostrò il piatto con i biscotti.

«Oh santo cielo! I biscotti alla melassa. Li adoro!»

Con un sorriso compiaciuto, Taylor posò il piatto sul tavolino lì accanto. «Posso portarti qualcosa da bere?»

«Cosa ne dici di un bicchiere di limonata? Ne ho una caraffa in frigo.» GG sollevò la pellicola che copriva il piatto e prese un biscotto.

Ridacchiando della sua passione per i dolci, Taylor versò un bicchiere di limonata per entrambe, per poi accomodarsi sul patio di fronte alla nonna.

«Delizioso» esclamò GG finendo il suo biscotto. Sorseggiò la sua limonata e chiese: «Come vanno le cose? Prima mi ha chiamata Dani. Lei e Whitney stanno cercando di venire a capo di tutto quanto il prima possibile, per tornare a Lilac Lake. Dani ha detto che sono state giornate dure.»

«È difficile credere che un uomo come Zane, che aveva così tante cose per cui vivere, non sia riuscito a liberarsi della dipendenza che l'ha ucciso. Whitney l'ha presa davvero male.»

«Mi conforta sapere che voi ragazze vi siete sempre tenute alla larga dalle droghe.»

Taylor fece una smorfia. «La mamma ci ha raccontato diverse cose accadute con il suo primo marito e ci ha parlato di tutti i rischi allo sfinimento. Per fortuna le abbiamo tutte dato retta.»

«Sono felice di sentirlo. Che ti succede?»

Taylor buttò giù un sorso di limonata e sospirò. «È per Cooper, GG. Penso di essermi innamorata di lui e lui dice di provare lo stesso per me. Ma non sono sicura che tra noi possa funzionare.» Dovette fare uno sforzo per mantenere il tono di voce fermo. «È partito stamattina per rientrare a New York. La madre ha avuto un lieve attacco di cuore. Non è grave, ma deve fare dei cambiamenti nel suo stile di vita. Cooper e la sorella, Candace, dovranno assumere un ruolo di maggiore responsabilità, nella loro piccola casa editrice.»

«E che ne è del libro a cui stavate lavorando insieme?» chiese GG.

«Ne parleremo al telefono, ci manderemo messaggi e ci lavoreremo a distanza. Ma ho pensato anche io a dei cambiamenti da fare.» Taylor raddrizzò la schiena. «Sono una brava scrittrice e voglio mettercela tutta per diventare ancora più brava, adesso e per il futuro. Ho già imparato moltissimo, lavorando con lui. Ma per me è importante proteggere la mia creatività, ragionare con la mia testa.»

GG approvò sollevando il pollice. «Mi fa piacere sentirlo. Mi dice che sei una professionista, pronta ad ascoltare i consigli che ti vengono dati, ma abbastanza forte da non perderti e non dimenticare i motivi per i quali i lettori amano i tuoi libri. Ti ha fatto bene lavorare con Cooper. È un uomo schietto. È stato onesto con te, e questo è fondamentale.»

«Lo amo, GG» mormorò Taylor, all'improvviso sopraffatta dall'emozione. Aveva le lacrime agli occhi. «Non ho mai provato niente del genere per nessuno. È come una magia, hai presente?»

«Oh sì, cara. Lo conosco bene, quel sentimento.» Fece un sorriso triste. «O forse dovrei dire che me lo ricordo bene.»

«Tu e il nonno vi conoscevate da tanto, quando vi siete sposati?» chiese Taylor. Aveva visto una foto di GG con il suo sposo ma non sapeva molto di lui, tranne che era morto in Vietnam non molto tempo dopo il loro matrimonio, quando lei era incinta.

GG scosse la testa. «Ci conoscevamo da appena sei mesi. Pare che quando le donne della nostra famiglia decidono che un uomo è quello giusto, non perdano tempo.»

Taylor scoppiò a ridere. «Lo so. Vedi mia madre e mio

padre e adesso Dani e Brad.» Tornò seria di colpo. «Non sono sicura che valga anche per Cooper e me. Si è rivelato così diverso da come lo immaginavo, e adesso il suo ruolo sta per cambiare.»

«Magari sarà positivo» replicò GG. «Un giorno alla volta. Se son rose fioriranno. Nel frattempo, tu devi lavorare al tuo libro. Vedrai che ti aiuterà.»

«Sì, ho già in mente delle cose da infilare tra le righe, per rendere le mie storie più forti. Qualunque cosa succeda, sarò sempre grata a Cooper per questo.»

Passarono a parlare di attività varie a Woodlands quando sentirono un colpo alla porta e poi entrò JoEllen.

«Signora Wittner? Ero venuta a vedere come stava, ma tornerò più tardi, quando non avrà compagnia.»

«Non c'è problema. Non ho segreti con le mie nipoti.»

«Ciao, JoEllen» disse Taylor.

«Ciao, Taylor. Lieta di vederti. Ho provato a chiamare Cooper, ma non mi ha risposto. Temo di avere lasciato qualcosa a casa sua.»

«È da diverso tempo che non vive più lì. Ti conviene parlarne con qualcuno della direzione della struttura.» Taylor fece del suo meglio per non digrignare i denti. Con tutta probabilità si riferiva a qualche capo di biancheria intima che si era sfilata per cercare di sedurlo.

«Oh, be'. Più avanti farò così. Ora, signora Wittner, ha avuto difficoltà a respirare oggi?»

«No, sto bene. Come le ho detto ieri, si tratta solo della mia solita allergia stagionale. Tutto qua.»

«Sa che deve chiamarci se dovesse succedere di nuovo, vero?»

«Certo.» Il sorriso di GG non si estese agli occhi. «Grazie per essere passata. Come può vedere, ora ho compagnia.»

Dato che non le restava molta scelta, JoEllen salutò con la

mano e uscì.

«Quella donna è così irritante.» sbuffò GG. «Ha detto a una delle mie amiche che sta mettendo via dei soldi per comprarsi un'auto nuova e che sarebbe lieta di accettare una donazione da lei. Ha detto che si tratta di un GoFundMe. Mai sentito una sciocchezza del genere, in vita mia.»

«Mi raccomando, stai attenta alle tue cose» disse Taylor. «Non mi fido di lei.» Poi si alzò. «Meglio che torni dai cani. Mi chiedono più attenzioni che mai, perché sentono la mancanza di Dani e Whitney. Non vedo l'ora che ritornino.»

«Vale anche per me. Mi sono abituata al lusso di avervi tutte e tre a Lilac Lake.»

Si sorrisero, poi Taylor si chinò per salutarla con un abbraccio.

Una volta a casa, Taylor scoprì che riusciva a lavorare meglio. Aver discusso le motivazioni e il passato dei suoi protagonisti le aveva regalato nuove intuizioni su come poter rendere più solida la storia. Non aveva bisogno che Cooper la seguisse passo passo. Era già al suo terzo libro. Ci avrebbe lavorato da sola il più possibile, mentre Cooper si occupava delle questioni di famiglia. Poi gliel'avrebbe fatto leggere.

Dopo aver preso quella decisione, tornò al capitolo 1 e cominciò a rivederlo, compiaciuta nel constatare che la sua immaginazione aveva ricominciato a fluire.

Era nel bel mezzo del lavoro e quasi pronta a prendersi una pausa, quando la chiamò Dani.

«Ciao, come va?» le chiese.

«Non manca molto e potremo tornare a casa» rispose la sorella. «E non vedo l'ora. Whitney potrà occuparsi di un sacco di cose senza bisogno di spostarsi dal New Hampshire. Aprirà una fondazione che porterà il nome di Zane, per aiutare bambini e adolescenti con problemi di salute mentale. E ha ancora intenzione di insegnare teatro ai bambini. In effetti, potrebbe anche collegare i due progetti. Ma ci sarà tempo per pensarci. Occorrono mesi, anche un paio d'anni a volte, per ottenere la validazione di un testamento.»

«Avrà un sacco di cose da gestire» commentò Taylor, pensando a tutto il lavoro che aspettava Whitney.

«Sì. Avrei un favore da chiederti. Ti va di fare un salto al cottage a scattare qualche foto dei pavimenti e poi mandarmele? Voglio essere sicura che siano venuti bene, soprattutto quello della cucina e del bagno grande, di sopra. Se è tutto a posto, possiamo andare avanti con le lavorazioni interne.»

«Accidenti, Dani, lo sai che quella casa mi fa paura.» Sentì la minaccia di pianto nella propria voce, ma non riuscì a evitarselo.

«Taylor, siamo tutti d'accordo che lì non c'è niente che ci possa fare del male. Nick non ha trovato alcun segno di intrusi, e dagli operai non è arrivata nessuna lamentela per fatti inspiegabili. Fallo per me, ti prego.»

«Va bene. Per quando ti servono le foto?»

«Puoi andarci oggi pomeriggio?»

Taylor sospirò. Aveva appena ritrovato il suo tocco magico con la scrittura. Ma aveva sentito il tono di supplica nella voce di Dani e sapeva che non gliel'avrebbe chiesto, se non fosse stato importante. «Va bene, ora ci vado e ti mando le foto.»

«Grazie, lo apprezzo molto. Ci sentiamo più tardi.»

Dopo aver salutato Dani, Taylor si alzò dalla scrivania e si stiracchiò. Muoversi era piacevole. Con un po' di fortuna, si sarebbe trattato di una questione di pochi minuti.

Scese al piano di sotto e chiamò i cani che arrivarono subito trotterellando, felici dell'opportunità di uscire.

Li caricò in macchina e guidò fino al cottage.

Mentre si fermava di fronte al garage, notò che, benché non si vedessero altri veicoli posteggiati, qualcuno aveva rimosso la vegetazione invadente che era cresciuta a ridosso della casa, un intervento necessario per poter ridipingere la facciata. A lavori finiti, avrebbero piantato nuovi arbusti.

«Pirata, Mindy, forza. Venite con me.» Era grata per il senso di protezione che le dava averli lì.

Entrambi i cani saltarono giù dall'auto e corsero via, indubbiamente felici di essere liberi.

Al suo richiamo tornarono verso di lei, ma, quando si

avvicinò al portico, si misero entrambi seduti sull'erba e non ci fu verso di farli avvicinare di più, nemmeno con la promessa di un biscottino.

Con un crescente senso di disagio, Taylor cercò la chiave nascosta sotto a una pietra lì accanto e aprì la porta. L'odore di vernici e solventi le pizzicò le narici. Si chinò a toccare il pavimento di legno dell'ingresso. Era lucido e asciutto. Lasciando la porta aperta, attraversò il soggiorno e andò in cucina. Il vecchio rivestimento di linoleum era stato rimosso scoprendo le assi di legno sottostanti, che ora facevano tutt'uno con quelle del nuovo bagnetto, della lavanderia e della zona pranzo nella nicchia tra le finestre. Taylor scattò diverse foto, entusiasta del risultato. Non le restava che fotografare anche il pavimento delle stanze al piano di sopra e poi avrebbe potuto andarsene.

Con un nodo in gola, salì le scale, intimando al cuore che le martellava nel petto di rallentare. Fotografò il corridoio, il sottofondo che avrebbe accolto le piastrelle del bagno e si spostò nella camera padronale. Sembrava tutto a posto. Scattò qualche foto e si affrettò a tornare di sotto. Anche se la casa era ancora allo stato grezzo, i lavori avanzavano e alla fine sarebbe stata bellissima. Sapeva, dalla descrizione del progetto che aveva stilato Dani, che il piano terra avrebbe mantenuto i pavimenti di legno, mentre i bagni sarebbero stati piastrellati, il pavimento della lavanderia sarebbe stato rivestito in modo da renderlo impermeabile, mentre nelle camere da letto sarebbe stata posata la moquette.

Taylor si affrettò verso l'uscita e, dopo essersi chiusa la porta alle spalle, lasciò uscire un sospiro di sollievo.

Richiamò i cani e si sedette sui gradini del portico ad aspettarli.

Lo sguardo si spostò verso la roccia dove amava prendere il sole, e i ricordi dei momenti che vi aveva trascorso con

Cooper le affollarono la mente. L'aveva baciata dapprima con tenerezza e poi con passione. Non se l'era immaginata, quella scarica di emozioni tra loro. Non puoi simulare una cosa del genere, pensò, chiedendosi cos'avrebbe fatto, se si fosse rivelata nulla più che una storiella estiva. Quel pensiero la straziava.

Si prese la testa tra le mani e cercò di calmarsi prendendo profondi respiri. Un senso di calore la avvolse, poi si sentì colmare da una sensazione di pace interiore. Doveva avere fiducia nel fatto che una cosa così meravigliosa non sarebbe svanita nel nulla. Sollevò il viso e si trovò davanti i cani, seduti sul prato a fissarla.

Li chiamò, ma nessuno dei due volle avvicinarsi.

Scuotendo la testa, si alzò e tornò verso l'auto parcheggiata sul retro della casa.

Prima di mettere in moto, inviò a Dani le foto che aveva scattato. Poi fece ritorno a casa, sperando in una chiamata di Cooper.

Più tardi, Taylor era seduta davanti alla sua scrivania quando ricevette una chiamata da Dani.

«Ciao» la salutò. «Hai visto le foto?»

«Sì. Le hai guardate tu?» chiese a sua volta Dani.

«No, non pensavo ce ne fosse bisogno. Perché me lo chiedi?»

«Niente, solo così» rispose lei. «Abbiamo prenotato un volo per domani. Dovremmo arrivare in serata.»

«Sarà bellissimo riavervi a casa. Devo prepararvi la cena?»

«No, grazie comunque. Ci vediamo domani, verso le nove o le dieci.»

Dopo aver messo giù, Taylor sorrise, felice al pensiero di riavere le sue sorelle a Lilac Lake. Come GG, anche lei si era abituata al lusso di averle sempre vicine.

Finì di riscrivere la scena e scese al piano di sotto. Era arrivato il momento di dare da mangiare ai cani, concedersi un calice di vino e riflettere sulla direzione che stava prendendo il suo lavoro di riscrittura.

Solo più tardi, seduta sul patio con i cani felicemente a pancia piena, le venne in mente di dare un'occhiata alle foto che aveva spedito a Dani.

Le prime erano scatti nitidi della cucina, del bagnetto e della lavanderia.

Ne passò in rassegna un altro paio, finché non arrivò a quelle che aveva scattato nella camera da letto padronale.

Aveva fotografato il pavimento e poi anche il resto dell'ambiente.

Quando arrivò alle due che aveva scattato alla stanza, il cuore le si fermò. In entrambe si vedeva un'ombra. Taylor si disse che doveva essere della polvere finita sulla fotocamera del suo cellulare, ma quando avvicinò il dispositivo e ingrandì l'immagine riuscì a distinguere chiaramente la sagoma nebulosa di quella che sembrava una piccola figura umana. Lo stomaco le diventò di piombo. Dio! Un fantasma era stato lì a guardarla per tutto il tempo?

Si strinse le braccia attorno al corpo, di colpo aveva così freddo da temere che non sarebbe mai più riuscita a scaldarsi.

CAPITOLO 37
WHITNEY

Whitney osservò le fotografie sul telefono di Dani e si voltò verso di lei. «Vedo la stessa cosa che vedi tu. Ma Taylor ti ha confermato di non aver visto o sentito niente di strano?»

«Non le ho detto niente, le ho solo chiesto se aveva dato un'occhiata alle foto. Quando mi ha detto di non averlo fatto, ho lasciato perdere. Già così, la casa la terrorizza. Non possiamo permettere che qualcosa ci fermi. GG ha promesso a suo padre che avrebbe conservato la proprietà di famiglia e noi la aiuteremo a rispettare i suoi desideri.»

«Non appena mi sarò sistemata di nuovo a Lilac Lake, voglio fare qualche indagine per conto mio» disse Whitney. «La scatola con l'abito da sposa e i vestitini da neonato devono pur significare qualcosa.»

«Tutte noi possiamo fare delle ricerche. Una volta che avremo trovato le risposte, il fantasma non avrà più ragioni di rimanere.» Dani scosse la testa. «Fino a questo momento, il fantasma, o lo spirito, o qualsiasi cosa sia, non ha ostacolato la ristrutturazione della casa.»

«Hai ragione. Questo è molto significativo.» Whitney terminò di riporre i suoi documenti in un raccoglitore che infilò in valigia. «Sono felice di tornare a casa. Per un po', non dovrei essere costretta a tornare qui. A meno che non sorgano problemi legali, riguardo al patrimonio di Zane, che non posso gestire dal New Hampshire.»

Barbara le raggiunse nella suite che avevano condiviso. «Come va, ragazze? Sentirò la vostra mancanza, sapete. Per quanto le circostanze siano tristi, è stato un piacere avervi ospiti qui da me.»

Whitney le si avvicinò e l'abbracciò. «Sei molto più che la mia agente, lo sai. Sei diventata un'amica preziosa.»

«Non sono in tanti a dirmelo, in questo duro ambiente, ma ne sono felice. Ti ho sempre ammirata, Whitney, e ora la mia ammirazione è persino cresciuta. Ti sei ritrovata in una brutta situazione e la stai trasformando in qualcosa di positivo, per il futuro. Zane ha fatto bene a lasciare ogni cosa a te. Sapeva di potersi fidare.»

Whitney sentì che nuove lacrime le salivano agli occhi, ma le scacciò. Zane sarebbe stato felice della sua idea di una fondazione. Ripensare ai primi tempi insieme, quando lo amava, e insieme parlavano di progetti di quel tipo, le restituiva un po' di gioia.

«Mi farò viva» promise Barbara. «So che è presto per chiederti di prendere in considerazione nuovi ruoli, ma arriverà il giorno in cui ti andrà di nuovo di recitare. Ne sono certa.»

«Io non ne sono *così* sicura, ma cercherò di restare aperta a ogni possibilità.» Whitney si spostò appena, per permettere a Barbara di abbracciare Dani.

«Sei una sorella favolosa. Grazie per essere venuta in California. So quanto sei impegnata con la ristrutturazione del cottage di famiglia. Buona fortuna per quello e con l'affascinante imprenditore edile che è il tuo fidanzato.»

«Grazie. Devi venire a trovarci a Lilac Lake, un giorno» disse Dani.

«Chi può dirlo, magari un giorno lo farò.» Poi Barbara si rivolse di nuovo a Whitney. «La limousine vi aspetta. Vi accompagno alla porta. Gli addii non sono il mio forte. E oltretutto ho un meeting a breve. Spero capirai.»

«Ma certo.» Anche a Whitney non piacevano gli addii. Specialmente dopo l'ultimo che aveva appena dovuto affrontare.

Dopo essere atterrate a Boston, mentre tornavano verso l'auto di Dani, Whitney sentì che la tensione che l'aveva attanagliata per giorni cominciava lentamente ad allentarsi. Non vedeva l'ora di tornare a Lilac Lake e al conforto che vi aveva sempre trovato. Oltretutto, c'era una cagnolina lì che aspettava un abbraccio, o due.

Caricarono l'auto di Dani e poi lei, forte dell'esperienza di anni nel traffico di Boston, le condusse fuori dalla città e sulla Interstatale 93 che puntava a nord, verso il New Hampshire. Whitney appoggiò la nuca contro il poggiatesta del sedile del passeggero e chiuse gli occhi.

Meno di tre ore dopo, Dani la scosse delicatamente. «Sveglia. Siamo a casa.»

Ancora intorpidita, Whitney scese dall'auto e poi rise, prendendo tra le braccia Mindy e stringendosela al petto.

«È così felice di rivederti» disse Taylor, abbracciandola forte. «E lo sono anch'io. È bello riaverti a casa. Mi spiace così tanto per Zane e per tutto quello che hai passato. Ora puoi riposarti.»

«Non hai idea di quanto questo significhi per me.» Whitney le restituì l'abbraccio, mentre Mindy saltellava ai suoi piedi.

Taylor abbracciò anche Dani. «Bentornata a casa. Anche Pirata mi sembra contento.»

Dani rise e accarezzò le lucide orecchie nere del cane, prima di voltarsi per vedere Brad che le correva incontro, per prenderla tra le braccia. «Mi sei mancata, piccola.»

«Anche tu. Abbiamo tante cose da raccontarci» rispose Dani.

«Vieni con me» disse lui, con un tono di voce che fece sospirare Whitney e Taylor. Quei due erano perfetti insieme.

«Ci vediamo più tardi» le salutò Dani. «Ci aggiorniamo

domani mattina.» Lei e Brad si allontanarono, a braccetto, verso la casa di Brad, con Pirata alle calcagna.

«Immagino che siamo tornate alla normalità, no?» disse Whitney.

«Non proprio» rispose Taylor. «Ho scoperto un fantasma al cottage. Più tardi ti faccio vedere.»

Whitney non rispose. Le serviva un momento da sola. Essere tornata a Lilac Lake voleva dire cominciare a lasciarsi alle spalle quello che era accaduto in California. Zane, l'amore che avevano condiviso e il finale tragico sarebbero stati per sempre parte di lei, ma in quel momento aveva bisogno che la bellezza di Lilac Lake facesse di nuovo la sua magia.

Come leggendole nel pensiero, Mindy le posò la testolina sulla spalla, mentre entravano in casa e uscivano sul patio per guardare le stelle che scintillavano nel cielo notturno, sopra di loro.

CAPITOLO 38
TAYLOR

Più tardi, quella notte, Taylor era stesa a letto, felice di riavere le sue sorelle a casa. Whitney di norma era una persona allegra, e pensare a quel che aveva dovuto passare le stringeva il cuore. Era tornata a Lilac Lake con l'aria distrutta.

Istintivamente allungò una mano per carezzare la testa di Mindy e, trovando uno spazio vuoto, si chiese se non fosse arrivato il momento di prendersi un cane anche lei. Ma quella decisione doveva attendere. Prima di potersi prendere l'impegno di un cane, avrebbe dovuto capire cosa sarebbe stato della sua carriera.

Quando si svegliò, la mattina seguente, scese in punta di piedi in cucina, si preparò una tazza di caffè e uscì sul patio. Dopo una notte agitata, alla fine si era svegliata più tardi del solito. Whitney dormiva ancora.

Guardò fuori, verso le rose di Marjorie e pensò a tutti i cambiamenti che la vita imponeva. Non aveva più sentito Cooper, dopo che l'aveva chiamata dalla sua auto e, sebbene avrebbe voluto contattarlo, intendeva dargli il tempo di riunirsi con la sua famiglia, prima di chiamarlo. La mancanza di comunicazione la disturbava, però.

Come se l'avesse evocato con il pensiero, il suo cellulare squillò. *Cooper*.

Afferrò il telefono e contò un paio di secondi prima di rispondere, per calmarsi. «Pronto?»

«Ciao, Taylor. Scusa se non ti ho chiamata prima, ma qui è stato un delirio. Tanto per cominciare, contro la mia volontà, mia sorella ti ha assegnato un'altra editor. Lucille Dumont è molto brava nel suo lavoro e penso che ti piacerà.»

«Avrò un'altra editor?» Taylor si sentiva come se l'avessero pugnalata.

«Non ne sono felice, ma non ho altra scelta se non assecondare le iniziative di Candace. Dopo che avrò risolto le cose con lei mi farò vivo. Comunque la veda lei, a me piacerebbe ancora lavorare con te, seppure a distanza. Dammi solo un po' di tempo.»

Invece di rispondere, Taylor mise giù e si coprì la bocca con la mano per soffocare il gemito che le montava dal profondo. Aveva creduto che quello che c'era tra lei e Cooper fosse speciale, aveva persino sognato una vita insieme a lui.

Era lei il problema?

Era per quella ragione che nessuna delle sue relazioni aveva mai funzionato?

No, ricordò a se stessa. Era lei ad aver chiuso la maggior parte delle sue storie, dopo essersi accorta che con l'uomo del momento non ci sarebbe mai stato un futuro.

Taylor si nascose il volto tra le mani e fece qualche respiro profondo, cercando di capire cos'era appena successo. Lo shock e la sorpresa si trasformarono ben presto in rabbia. Digitò con energia il numero della sua agente.

Dorothy Minton era allo stesso tempo una donna gentile e dura. Con lei era sempre stata carina e incoraggiante.

«Pronto?» rispose in modo asciutto. «Taylor, come stai?»

«Sono furiosa. Cooper Walker mi ha appena chiamata per dirmi che sua sorella mi ha assegnato un nuovo editor. Una certa Lucille. Dopo l'infarto di sua madre, pare che Cooper sia troppo occupato per lavorare con me.»

«Va bene. Cosa vuoi fare?» le chiese Dorothy. «Possiamo tentare di recedere dal tuo contratto con le Edizioni Pritchard. Ma non sono sicura che il vero problema sia il tuo editor. Cos'è che non mi racconti?»

Taylor lasciò uscire un lungo sospiro doloroso. «Cooper e io avevamo cominciato a lavorare benissimo insieme. Ho imparato un sacco di cose da lui. Ma, Dorothy, io avevo comunque deciso che avrei continuato a lavorare con lui a modo mio. Tu lo sai che ascolto volentieri i consigli, ma ho bisogno allo stesso tempo di salvaguardare la mia creatività.»

«Sì, sono d'accordo. Ma cosa è successo tra te e Cooper? Penso che il nodo della questione sia questo.»

Taylor si prese un attimo per cercare le parole giuste. Alla fine, sbottò: «Mi sono innamorata di lui, Dorothy. E lui dice di provare la stessa cosa per me.»

«E poi hai ricevuto quella sua chiamata. E sua madre cosa ne dice?» chiese Dorothy.

«Non ne ho idea, lei sta male» rispose Taylor. «Cooper e la sorella cercano di gestire la casa editrice mentre la madre si riprende.»

«Ti suggerisco di continuare a lavorare al tuo libro da sola. Quando sarai vicina alla fine chiamami. Hai più talento di quanto pensi.» Poi aggiunse: «Ora devo salutarti, sono in ritardo per una call. Ci sentiamo presto. Ti abbraccio.»

Dopo che la telefonata fu terminata, Taylor rimase per un attimo seduta dov'era, a ripercorrere con la mente la conversazione. Qualcosa non tornava. Dorothy non sembrava preoccupata. In realtà, sembrava ben contenta che Taylor completasse la revisione da sola.

Aveva ancora la fronte aggrottata quando apparve Whitney.

«Grazie per avermi lasciata dormire» disse, mentre Mindy trotterellava sul prato per fare i suoi bisogni. Whitney si bloccò a fissarla. «Ehi, cos'è successo?»

Taylor scosse la testa. «Sono così confusa.» Raccontò alla sorella di entrambe le conversazioni telefoniche e poi le rivolse uno sguardo ansioso.

Whitney si sedette accanto a lei e le sorrise incoraggiante. «Ho visto te e Cooper insieme, e quel che ho visto mi fa pensare che la vostra relazione non sia finita. Lui ha bisogno di tempo per trovare il suo posto all'interno dell'attività di famiglia. E mi pare che Candace stia cercando di prevalere. Il tempo può rimettere a posto un sacco di cose. Ma non può finire la revisione del libro al posto tuo. Quello puoi farlo solo tu, con o senza editor.»

«È grossomodo la stessa cosa che ha detto la mia agente.» Taylor raddrizzò le spalle, determinata a mostrare a Candace, Cooper e alla loro madre che poteva farcela e l'avrebbe fatto.

Whitney scoppiò a ridere, vedendo il sorriso sul suo volto. «Ecco, ora ti riconosco.»

Dani arrivò in quel momento. «Cosa mi sono persa?»

Taylor e Whitney la aggiornarono sugli ultimi sviluppi e poi rimasero sedute vicine in silenzio.

«Dobbiamo parlare del cottage» disse Dani, dopo un po'. «Ora che i pavimenti sono a posto, possiamo aggiungere i battiscopa. Ah, Whitney, hai poi scelto le lampade?»

«Sì, alla fine ho optato per quelle che ti avevo mostrato e ho già parlato con il venditore. Dovrebbero consegnarcele a breve.»

«I pavimenti dei bagni verranno piastrellati questa settimana e finiranno anche il pavimento della lavanderia. A quel punto, i falegnami potranno occuparsi dei battiscopa. Poi passeremo alla moquette nelle camere da letto» disse Dani, scorrendo la sua lista.

«Come facciamo per i mobili?» Taylor chiese a Whitney.

«Siamo già d'accordo, a grandi linee, e abbiamo già ordinato i divani e il tappeto per il soggiorno. Voi due dovete scegliere i mobili per le vostre camere. Per questo abbiamo già concordato che ognuna pagherà di tasca propria.»

Taylor e Dani si scambiarono un'occhiata e annuirono.

«Mi sto occupando di tutto il resto» riprese Whitney. «I mobili della cucina e del bagno, le credenze e i pensili sono già stati scelti. Dobbiamo assicurarci che gli sgabelli da bar siano compatibili con il bancone della cucina. Un giorno di questa settimana andrò a Boston a incontrare un decoratore d'interni.»

«Sembra promettente.» Dani sembrava contenta. «Il tavolo della sala da pranzo verrà ristrutturato, a meno che tu non trovi qualcosa che può piacerci di più.»

«Ci può volere un bel po' per ricevere i mobili, perciò cercherò di mettermi al lavoro il primo possibile» assicurò Whitney. «Mi sto ancora riprendendo dal trauma degli ultimi giorni.»

«È comprensibile» disse Taylor, colpita dalla forza di Whitney. «C'è solo un'ultima cosa di cui dobbiamo discutere. E riguarda le foto che ho scattato l'altro giorno. In quelle immagini appare qualcosa che fa sembrare più concreta l'idea che ci sia un fantasma.» Rabbrividì suo malgrado.

«Mi chiedevo se l'avessi notata anche tu» disse Dani. «Ho pensato che potrei parlare con qualcuno della società storica, per scoprire di più della famiglia Maynard.»

«Se necessario, posso chiedere a Crystal della sua amica che si occupa di purificare le case dagli spiriti. Potrebbe riuscire a convincere il fantasma ad andarsene. Lui o lei sembra amichevole, è già qualcosa» disse Taylor.

«In questo momento, non me la sento di farmi coinvolgere. Ho già un fantasma di cui occuparmi» replicò Whitney.

«Quando sarai pronta a dirmi di più di quello che è successo in California, o di quello che vuoi, sai che mi troverai qui, pronta ad ascoltare» disse Taylor.

«Grazie.» Whitney sbatté rapidamente le ciglia. «Starò bene, ma sto ancora cercando di venirne fuori. Ci provo, diciamo.»

Dani si alzò. «Avanti, ci vuole un abbraccio di gruppo.»

Taylor saltò in piedi e si fece circondare dalle sorelle, avvertendo il loro amore che fluiva in lei e ricambiandolo con tutto il cuore.

Dopo che Dani se ne fu andata e Whitney fu tornata nella sua stanza, Taylor si versò un bicchiere di acqua con ghiaccio e tornò alla sua scrivania. Era arrivato il momento di dimostrare ciò che valeva. Con o senza Cooper, avrebbe comunque continuato a portare avanti il suo lavoro con successo.

CAPITOLO 39
DANI

Dani caricò in macchina Pirata e si recò al cottage, curiosa di vedere tutti i progressi e anche di cercare prove dell'esistenza di un fantasma. L'immagine sulle fotografie di Taylor era sfocata. Poteva darsi che lei e le sue sorelle stessero cercando di vederci qualcosa che non esisteva. Tutto quel parlare di un fantasma poteva aver condizionato la loro percezione.

Mentre si fermava davanti al garage, accanto a un paio di furgoni, ripensò alla scatola che vi avevano trovato. Era un altro mistero che avrebbe dovuto risolvere. Ma, intanto, doveva concentrarsi sulla ristrutturazione della casa. In più c'era MaryLou, la madre di Brad, che voleva sapere quando si sarebbero sposati e dove. Dani aveva bisogno di tempo per decidere. Si era goduta ogni giorno, da che si erano fidanzati; spesso le capitava persino di riguardarsi l'anello che brillava al suo dito, come per confermare a se stessa che era tutto vero. A volte le sembrava ancora un sogno.

Lasciò scendere Pirata e rimase ferma un attimo a studiare il giardino. Una volta rimossa la vegetazione che era cresciuta incontrollata, la casa sembrava più grande. Passò la mano sulle assi della facciata. La vernice che non era già venuta via si sbucciava con facilità, anche solo con le unghie. Il colore che aveva scelto, una volta preparata la superficie, era un grigio caldo.

La nuova nicchia che avrebbe ospitato il tavolo della cucina aggiungeva luce al locale e una dimensione interessante al retro della casa. Le portefinestre che avevano aggiunto avrebbero potuto aprirsi su un patio di legno. La sua esperienza nella casa che avevano affittato da Marjorie le aveva aperto gli occhi sull'utilità di uno spazio all'aperto o di un patio, sebbene gli inverni potessero essere lunghi. Uno spazio del genere sul retro, aggiunto al portico che già c'era sul davanti, avrebbe fornito un utile spazio vitale per diversi mesi l'anno. Ora che lei e Brad avevano deciso di costruirsi una casa ai Meadows, Dani poteva approfittare del cottage per testare delle idee da applicare poi alla loro nuova abitazione.

Era grata a Brad per aver suggerito di andare a vivere in uno spazio nuovo. La sua casa, proprio accanto a quella di Marjorie, era ben fatta e di buon gusto, ma il fatto che vi avesse vissuto insieme a Patti, mentre lei moriva lentamente di cancro, aveva lasciato anche lì una specie di fantasma, i ricordi dolorosi di tutto quello che Brad aveva perduto.

Passò sul davanti della casa, salì i gradini del portico ed entrò. Mentre attraversava la soglia mormorò «Veniamo in pace», come le aveva suggerito un giorno Aaron, il fratello di Brad. Pur non credendo ai fantasmi, lui rispettava gli spiriti del passato e Dani era più che d'accordo.

Al piano superiore, entrò in bagno, dove un operaio stava posando le piastrelle del pavimento. «Salve!» disse allegra e lo vide trasalire. «Mi scusi, non volevo spaventarla.»

«Non c'è problema. Mi ci sto abituando» disse l'uomo, inginocchiato sul pavimento.

«Cosa intende?» chiese Dani.

«Niente di che. Qualcuno mi ha detto che si dice che questa casa sia infestata e non riesco a togliermelo dalla testa. Io e il mio ragazzo abbiamo guardato un film inquietante ieri sera su Netflix. Non si preoccupi. Non ho visto niente, solo a tratti mi è parso di avvertire qualcosa.»

Dani si guardò attorno, ma non riuscì a vedere o sentire niente di strano. «Sta facendo un lavoro eccellente. Ha già finito il bagno padronale?»

«Sì. Le piastrelle che ha scelto sono molto facili da posare. Dovrei riuscire a finire anche il bagnetto del piano di sotto, prima di sera.»

«Grazie» disse Dani, consapevole di quanto fosse difficile reperire artigiani di talento. Sarebbe stata sempre grata a GG per aver scelto la Collister Construction per quel progetto. Tramite loro, era andato tutto liscio.

Passò nella camera da letto padronale e, d'impulso, si bloccò nella luce dorata che filtrava dalle finestre e mormorò di nuovo: «Veniamo in pace.»

Si voltò per passare al bagno en suite e avvertì una folata di aria tiepida sul volto. Sorpresa, si bloccò e si guardò attorno, poi si accorse che si era sollevata una brezza che spostava l'aria all'interno della stanza.

CAPITOLO 40
TAYLOR

Taylor era seduta al computer con rinnovata determinazione. Avrebbe ripercorso tutto il libro, dal primo capitolo, per assicurarsi di non essersi lasciata sfuggire l'opportunità di rendere qualcosa più suo, riscrivendo dove necessario. Poi avrebbe proseguito per dimostrare a se stessa, prima che agli altri, di potercela fare.

Ripensò al tempo trascorso con Cooper e a come aveva sentito una profonda connessione con lui. Si era aperta con lui come non aveva mai fatto con nessun altro uomo prima. Era quello, più di ogni altra cosa, che la faceva arrabbiare al pensiero che lui avesse fatto un passo indietro, accettando di non lavorare più con lei.

Poi mise da parte quei pensieri cupi e si mise al lavoro. Scoprì che era più facile scrivere di come Vanessa fosse stata lasciata, ora che sentiva di esserlo stata a sua volta. Era sprofondata nel lavoro di revisione quando il suo cellulare squillò. *Edizioni Pritchard.*

Taylor rispose in tono educato, sebbene una nuova ondata di rabbia minacciasse di strozzarle la voce. «Pronto. Sono Taylor Castle» disse, usando il suo nome d'arte.

«Sono Candace Walker. Mi risulta che stava lavorando con uno dei nostri editor, Thompson C. Walker.»

«Sì, anche se preferisco chiamarlo Cooper» rispose lei, con un'audacia che di norma non le apparteneva.

«In ogni caso, le ho assegnato un nuovo editor per il suo libro. Quello che sta revisionando.» Il tono di Candace era freddo e trattenuto.

«In realtà, ci sto lavorando da sola e poi lo sottoporrò a Thompson C. Walker. Lui mi ha promesso che l'avrebbe letto.» Taylor tenne sotto controllo la propria frustrazione e decise che non aveva niente da perdere a mostrarsi sicura di sé.

«Capisco» replicò Candace, in tono sorpreso. «Per il momento, allora, rispetteremo questo vostro accordo. Ma se avrà bisogno di assistenza nella revisione, Lucille Dumont sarà felice di aiutarla. Le sto mandando i suoi contatti in questo momento.»

«C'è altro?» Taylor era risoluta a mostrarsi forte.

«No, è tutto. Considerate le circostanze familiari, stiamo contattando tutti i nostri autori per assicurarci che stiano facendo progressi.» La voce di Candace si addolcì. «Grazie, Taylor.»

La chiamata finì. Taylor sul momento rimase scioccata dalla propria assertività, ma poi scoppiò a ridere. Cavolo, era favoloso parlar chiaro, riprendersi il controllo della situazione.

Mentre si rimetteva al lavoro si sentì carica di una nuova energia positiva e poi, riguardando quel che aveva fatto, decise che le piaceva.

Quella sera, con sua sorpresa, Taylor ricevette una chiamata da Cooper.

«Ciao. Non mi aspettavo di sentirti» disse, con il battito del cuore che accelerava.

«Ho sentito che oggi hai parlato con mia sorella» disse lui. «Non so cosa tu le abbia detto esattamente, ma mi ha riferito di non interferire con il tuo lavoro. È così?»

«Non proprio. Le ho detto che lavorerò al mio libro in autonomia e poi te lo farò leggere, come eravamo d'accordo.»

«Oh» replicò Cooper. «Ero preoccupato che non ti fidassi

più di me.»

«Mi fido della tua professionalità» rispose Taylor.

«Ma non di me?» Sembrava ferito. «Mi spiace che le cose si siano ingarbugliate. Ma ne verremo fuori. Perché non possiamo andare avanti come abbiamo cominciato, e confrontarci ogni giorno?»

«So che in questo momento sei sotto pressione e non so quando tornerai a Lilac Lake. Lo capisco. Sul serio. Ma non posso non chiedermi se la nostra relazione abbia o no una possibilità di crescere.»

«È comprensibile» rispose lui. «Ma, Taylor, io ho bisogno di te. In questo momento, sto lottando per la mia sopravvivenza all'interno della casa editrice. Candace pensa di poter semplicemente prendere il posto di mia madre. Io sto cercando di risolvere la cosa, ma mi ci vorrà del tempo. Ho appuntamento domani con la mamma al centro di riabilitazione in cui è stata ricoverata per riprendersi. Dovrà perdere peso, cambiare le sue abitudini alimentari, modificare i suoi orari di lavoro e imparare a rilassarsi. Non ne è felice, ma sta seguendo il programma.»

«Mi fa piacere che tua madre stia bene e si mostri collaborativa» commentò Taylor.

«Anche a me. È abituata a dare sempre il meglio e mia sorella ha ereditato la sua attitudine. Ma non le permetterò di tagliarmi fuori, né di tagliarci fuori.»

«Certo che no» disse Taylor. «Sei un editor eccellente, oltretutto.»

«Grazie per la tua stima» rispose Cooper. «Avevo bisogno di sentirtelo dire. Risolveremo tutto, Taylor. Fidati di me. Okay?»

«Va bene. Ma ricordati che anche tu devi avere fiducia in me.» Era una dichiarazione degna di sua sorella Dani, si rese conto, e quel pensiero la colmò di orgoglio.

«Non arrenderti, riguardo a noi due. Ora devo andare. A presto.» Cooper chiuse la chiamata.

Taylor si alzò e andò a guardare fuori dalla finestra. Il suo umore si risollevò quando individuò le piume rosse di un cardinale, il cui canto la faceva sempre sorridere. In un modo o nell'altro, lei e Cooper avrebbero risolto le cose, no?

La mattina dopo, Taylor era al lavoro al suo computer quando Dani la chiamò dal fondo delle scale. «Taylor, vieni giù. Ho delle novità!»

Taylor salvò il file e si affrettò a raggiungere la sorella in cucina, dove trovò anche Whitney. «Sono andata alla sede della società storica locale, per vedere cosa riuscivo a scoprire del nostro fantasma.» Tirò fuori dei fogli dall'agenda che si portava sempre dietro e le guardò con un sorrisetto compiaciuto.

«Josiah Maynard si stabilì in quest'area all'inizio del 1700 e fu ministro di una chiesa non confessionale, oltre che agricoltore. Uno dei suoi cinque figli aveva aperto un negozio in città e gli altri svolgevano altri lavori nella zona. All'inizio del 1900, la famiglia Maynard era ben inserita in ogni risvolto della comunità. Milton Maynard sposò Addie nel 1958.» Dani rivolse loro un sorrisetto scaltro. «Ma sentite qui: Addie, la nostra signora Maynard, era la seconda moglie. La prima era morta un anno prima, in circostanze misteriose: una caduta dalle scale.»

La mente di Taylor turbinava tra le varie possibilità. «C'è stata un'indagine all'epoca?»

«No, perché il fratello di Milton era il capo della polizia, e la famiglia conveniva che la donna soffrisse di disturbi mentali. Pensavano che si fosse suicidata dopo la morte del suo bambino appena nato.»

«Oh mio Dio. La scatola di oggetti che abbiamo trovato in

garage era sua?» Whitney aveva sgranato gli occhi.

«Non credo» rispose Dani. «I vestiti sembrano troppo nuovi, troppo alla moda per essere i suoi. E poi come potremmo collegare i certificati di nascita e morte a lei? Erano di molto successivi. Dalle carte risulta che Milton, il marito di Addie, era ministro di una chiesa non confessionale, proprio come il suo antenato, Josiah. E anche se non si sa molto altro su di lui, diverse persone ricordano come Addie le abbia aiutate durante i momenti di difficoltà. Lei, non Milton.»

«Molto interessante,» disse Whitney «ma non sono certa che questo sia legato al fantasma al cottage. Penso che preferirei lasciare perdere. Ficcare il naso nei vecchi affari di quella famiglia potrebbe causarci problemi imprevedibili.»

«Sono d'accordo» disse Taylor, felice di non essere l'unica ad avvertire vibrazioni negative nel racconto di Dani.

Quest'ultima si strinse nelle spalle. «Okay, lasciamo le cose come stanno, per ora. Ma in qualche maniera queste informazioni potrebbero tornarci utili.»

«Grazie» disse Whitney. «Non sono pronta ad affrontare tragedie familiari. Sto ancora cercando di venire a patti con la morte di Zane.»

«Mi dispiace» disse Dani, abbracciandola.

«Noi siamo qui per aiutarti» disse Taylor. «Cosa ne dici se ce ne andiamo al lago e proviamo a rilassarci un po'?»

«È la giornata ideale per andare a trovare la nostra roccia» disse Dani. «Forza.»

Anche se nell'aria c'era una minaccia di temporale, presero asciugamani, creme solari e bottiglie d'acqua e si diressero al cottage.

Erano quasi arrivate quando Whitney disse: «Ho visto che hanno estirpato un po' della vegetazione. Ha un aspetto migliore ora. Cosa pianteremo al suo posto?»

Dani si rivolse a Taylor. «Cosa ne dici di parlarne tu

con i giardinieri?»

«Certo. Mi aiuterà a tenere la mente occupata.»

Dani si accigliò. «Notizie da Cooper?»

Taylor le aggiornò sugli ultimi sviluppi. «Per il momento, ho deciso di continuare a lavorare al libro per conto mio. Poi, quando avrò finito, andrò a New York per sottoporlo a lui e non a un'altra editor qualunque.»

«Mi sembra un ottimo piano» approvò Dani. «Brava.»

Scesero dall'auto e si avvicinarono all'acqua. L'aria carica di umidità e appiccicosa invogliava ad affrettarsi verso quella promessa di frescura.

I pensieri di Taylor tornarono al pomeriggio in cui lei e Cooper erano stati lì e alla propria reazione quando aveva sentito la pelle di lui sotto le dita. Persino in quel momento, al solo pensiero avvertì una profonda fitta di desiderio che le fece sognare che le cose fossero diverse. Aveva fatto sfoggio del suo rinnovato senso di indipendenza, ma avrebbe dato qualsiasi cosa per tornare ai tempi in cui lei e Cooper lavoravano insieme e si stavano innamorando l'uno dell'altra, inconsapevoli dei problemi che stavano per colpire la sua famiglia.

CAPITOLO 41
WHITNEY

Whitney era seduta sulla roccia con le sorelle, grata per la loro compagnia. Dalla morte di Zane, stare da sola la metteva a disagio. Sapeva di non potersi incolpare della sua morte, ma non riusciva a smettere di domandarsi se avesse fatto abbastanza per cercare di salvarlo.

Barbara l'aveva chiamata quella mattina, per chiederle come stava, e Whitney aveva dovuto impiegare ogni goccia della propria forza di volontà per non cedere alle lacrime in attesa dentro di lei.

«Forza, sorelle! Vi sfido a chi arriva prima al pontile della locanda» propose Dani.

Whitney scosse la testa. «Andate voi, io non mi muovo di qui. Non allontanatevi. Tra poco arriverà un temporale. Sento già l'odore della pioggia nell'aria.»

Anche Taylor declinò la proposta.

«Okay, torno subito» disse Dani.

Whitney la guardò tuffarsi. Delle tre, Dani era la più atletica. Era una delle ragioni per le quali lei e Brad le sembravano una coppia perfetta.

Si allungò sul telo steso sulla roccia e ripensò all'inizio della relazione con Zane. Non era mai stata facile e naturale, come sembrava esserlo tra Dani e Brad. Persino Cooper e Taylor sembravano fatti l'uno per l'altra in una maniera diversa, forse più sana, rispetto a lei e Zane. Sapeva che aver rotto con lui era stata la decisione giusta. Se solo fosse riuscita ad aiutarlo di più.

CAPITOLO 42
TAYLOR

Taylor si mise seduta e scrutò l'orizzonte. Sull'altra sponda del lago si vedeva già una coltre di pioggia battente. Diede un colpetto a Whitney. «Andiamo! Dobbiamo scappare! Arriva il temporale.»

Un lampo squarciò il cielo nero in lontananza, come un dito ammonitore. Si rimisero in piedi, richiamando Dani che stava nuotando verso di loro, afferrarono i teli e corsero verso il cottage.

A pochi metri dal portico, la pioggia le investì in ondate scroscianti. Ridendo, Taylor superò Whitney e corse su per i gradini. Da lì osservò Dani che si affrettava verso di loro, trasalendo al fragore di un tuono sopra la sua testa.

Strette insieme sotto il portico, Taylor si domandò se era quello che il futuro aveva in serbo per loro: trovare conforto l'una nell'altra, di fronte alle tempeste della vita.

Una delle finestre del soggiorno sbatté alle loro spalle. Taylor si girò in quella direzione, ma Whitney la afferrò per un braccio. «È solo il temporale. Non preoccuparti.»

«Specie ora che sospettiamo che la scatola e i certificati che abbiamo trovato non abbiano a che fare con Addie Maynard» aggiunse Dani.

«Se non con lei, allora con chi?» chiese Taylor.

«Quella è un'altra storia, sorellina cara. E non ho intenzione di occuparmene ora» rispose Dani. «La casa è quasi ultimata e voglio godermela senza preoccuparmi di un fantasma. Noi non crediamo ai fantasmi, ricordi?»

«Parla per te» rispose Taylor.

La pioggia finì in fretta com'era cominciata. Taylor seguì le sorelle all'auto di Dani, fermandosi per un istante, fantasticando di nuove piantumazioni. Non era abbastanza ferrata in progettazione di giardini nel New England per sapere cosa avrebbe prosperato lì, ma sapeva cosa le piaceva. E quel che le piaceva ancora di più era la fiducia che le sue sorelle riponevano in lei.

A casa, Taylor si fece una doccia e si preparò a tornare al lavoro sulla sua revisione. Aveva scoperto di pensare sempre più spesso ai suoi personaggi ed era ansiosa di tornare da loro. Aveva lavorato per poco più di un'ora quando il suo cellulare squillò. *Cooper*.

«Ehilà. Come va?»

«Ciao, Taylor. Esco ora dall'incontro con mia madre al centro di riabilitazione. Si è mostrata molto interessata a scoprire cosa stava succedendo in ufficio e con te. La tua agente l'ha chiamata.»

«Davvero?»

«Sì. Mia madre vuole incontrarti, così da metterci d'accordo su come procedere con il tuo libro.»

«Oh, mi sorprende. Pensavo che si sarebbe tenuta lontana dal lavoro» replicò Taylor.

«Anche io. Ha promesso di non andare in ufficio, ma tiene d'occhio la situazione. Non era felice di sapere come si sono messe le cose con Candace. Non sono il solo ad averle riferito del suo atteggiamento dispotico.»

«Quando dovrei incontrare tua madre?» Di colpo, Taylor era nervosa.

«Alla fine della settimana. Ti chiedo troppo? A quel punto dovresti aver terminato la revisione. Vorrei essere lì per aiutarti, ma mi puoi sempre chiamare se hai delle domande, o ti serve qualche suggerimento. Mi manca stare con te e parlarti ogni giorno.»

Taylor deglutì per sciogliere il nodo in gola. «Anche a me. Non preoccuparti, riuscirò a finire in tempo. Dimmi quando vuoi che ci incontriamo e ci sarò.»

«Tu hai sempre il tuo appartamento in città, vero?» chiese Cooper.

«Sì. In realtà stavo pensando che potrei tornarci già domani e lavorare da lì. Sapere che sono in zona potrebbe rendere le cose più facili.»

«È così» confermò Cooper. «Se ti serve qualche spunto, posso venire ad aiutarti. In ogni caso, mi piacerebbe vederti. Mandami il tuo indirizzo e cercherò di passare da te.»

«Mi piacerebbe» disse Taylor, dandogli i riferimenti. Magari essere vicini li avrebbe aiutati a capire se quello che avevano condiviso nel New Hampshire avrebbe funzionato anche nella metropoli.

Taylor scese al piano di sotto per avvisare Whitney della sua decisione di partire la mattina seguente.

La sorella l'ascoltò e poi chiese: «Pensi che ce la farai a ultimare la revisione prima di incontrare la madre di Cooper?»

Taylor scosse la testa. «Non lo so, ma voglio provarci. Al momento, penso che andrò a fare i bagagli, così da essere pronta a partire presto, domani.»

Al piano di sopra, Taylor cominciò a mettere in valigia i suoi vestiti per poi rendersi conto che quelli che aveva lasciato a New York sarebbero andati più che bene. Aveva sempre scelto uno stile classico. Le sembrava passato un giorno da quando era partita armi e bagagli per il New Hampshire, chiedendosi se sarebbe stata in grado di cominciare una nuova vita lì. In quel momento invece era ansiosa di passare un po' di tempo nella grande mela insieme a Cooper.

L'indomani mattina presto, Taylor scese le scale cercando di non fare rumore, per non disturbare Whitney o Mindy. Una volta fuori, lasciò uscire un sospiro di sollievo per essere riuscita a uscire alla chetichella. Dani e Brad, che si svegliavano sempre presto, la salutarono con la mano dalla porta accanto.

Taylor salì in macchina, ansiosa di mettersi in viaggio. Voleva arrivare in città con tutto il tempo per sistemarsi e rimettersi al lavoro sul libro.

Le cinque ore di viaggio le diedero l'opportunità di aggiungere qualche idea a quelle che aveva già abbozzato. Era comune a tutti gli scrittori sentirsi sotto pressione, quando si avvicinava la scadenza per la consegna di un libro. L'agenda rischiava sempre di subire modifiche, generando deadline impreviste. Quella volta, si disse, non era diversa. Ma sapeva che stava mentendo a se stessa. La faccenda coinvolgeva la proprietaria della casa editrice, e così suo figlio. E anche la figlia, volendo, se si considerava come la confusione in ufficio avrebbe potuto avere un impatto sul suo libro.

D'impulso, compose il numero di Cooper.

Scattò la segreteria e, delusa, non le restò che lasciare un messaggio per avvisarlo che era in viaggio.

Poco dopo, la richiamò lui. «È un'ottima notizia! Qui sta piovendo e ho sentito che c'è una grossa perturbazione che investe il nord-est. Guida con prudenza.»

«Piove anche qui. Non so esattamente quando arriverò. Dopo aver vissuto un po' a Lilac Lake temo di aver dimenticato com'è guidare nel traffico.»

Lui scoppiò a ridere e la sua mente le restituì l'immagine delle piccole rughe intorno agli occhi quando lo faceva, inondandola di nostalgia.

Un camion la superò a tutta velocità per poi tagliarle la strada, obbligandola a inchiodare. Scossa, mormorò «Devo lasciarti ora» e interruppe la chiamata.

Nell'istante in cui Taylor aprì la porta del proprio appartamento, fu investita dalla sensazione di tornare a casa. Adorava vivere a Lilac Lake, ma amava anche New York. Sospettava che sarebbe sempre stato così.

Lanciò un'occhiata alla piantina di edera che si era seccata in un groviglio di avvizziti fili marroni, e si domandò come Dani potesse avere riposto la sua fiducia proprio in lei, per occuparsi del giardino del cottage. Ma aveva promesso che l'avrebbe fatto e ci si sarebbe messa d'impegno.

Svuotò in fretta i bagagli e si sistemò alla scrivania. Era l'aspetto più importante dell'essere di nuovo a casa, quel senso confortante di essere tornata nel proprio ufficio, dove tutto le era familiare.

Prima di dimenticarsene, buttò giù in fretta alcune idee sui cambiamenti che voleva apportare, e sulle scene che voleva aggiungere. Mentre le sue dita volavano sulla tastiera, riusciva a vedere chiaramente la nuova forza che quelle idee stavano conferendo alla sua storia.

Una volta fissate, decise di andare a dare un'occhiata agli armadietti della cucina e al frigorifero. Avrebbe dovuto fare rifornimento di cibi e bevande per la settimana che l'aspettava. Di norma spizzicava qualcosa a colazione e a pranzo e poi si concedeva qualcosa di speciale per cena, al ristorante oppure ordinando da uno dei molti locali in zona.

Fece una lista delle cose che le mancavano e andò a fare la spesa in un alimentari del quartiere. Osservò divertita le persone che le sfrecciavano accanto; i ritmi erano molto diversi da quelli di Lilac Lake. Comprò quel che le serviva, riempì le sue borse di tela e riprese la strada verso il suo condominio, dove vide una figura familiare venirle incontro sul marciapiede.

«Cooper!» gridò.

Con un sorrisetto sul volto, lui si affrettò a raggiungerla.

Taylor appoggiò le borse a terra e corse tra le sue braccia, ridendo e piangendo allo stesso tempo.

«Che succede?» le disse lui, ritraendosi per guardarla preoccupato. Le asciugò le lacrime con i pollici e cercò il suo sguardo. I suoi occhi nocciola si accesero di verde, come era già successo le volte in cui sembrava deciso a baciarla.

Lei sollevò il volto verso di lui e le loro labbra si unirono, mandandole in circolo una scarica di felicità.

Quando si separarono, il sorriso di Cooper era ampio come quello che Taylor si sentiva stampato in volto.

«Ho pensato di fare un salto per vedere se ti eri sistemata. Credi ci sia la possibilità di venire a cena con me stasera?» le chiese.

Il sorriso di Taylor si aprì ancora di più. «Credo che sia possibile, sì. In modo particolare se hai in mente un posto che serve cucina cinese.»

Lui scoppiò a ridere. «Si può fare. So che a Lilac Lake non ci sono ristoranti etnici.»

«Esattamente. Ti va di aiutarmi a portare su la spesa?»

«Certo.» Prese entrambe le borse. «Sono felice che tu sia qui. Così potrò passare più tempo con te.» Le sorrise. «Mi sei mancata sul serio.»

Lei gli restituì il sorriso. «Anche tu. Ma ho bisogno di concentrarmi sulla scrittura, prima di incontrare tua madre. Voglio completare la revisione, per allora.»

«Sono d'accordo» disse Cooper. «Sarò felice di controllare il tuo libro, man mano che procedi.»

«Grazie, ma ho deciso di arrivare fino in fondo e poi fartelo leggere, tutto insieme o un capitolo per volta. Va bene per te?»

«Assolutamente. A proposito, mia madre ha fatto un discorso a mia sorella e Candace sta facendo marcia indietro su una serie di sue decisioni. Ma hai ragione a volerti trovare nella migliore posizione possibile, prima di incontrare mia madre. Non fraintendermi, è una persona adorabile, ma si aspetta molto da se stessa e da tutti quelli che la circondano.»

«Avevo già paura di lei» commentò Taylor, cercando con scarso successo di nascondere le antiche insicurezze.

Cooper la cinse con un braccio. «Non hai niente di cui preoccuparti. Ti adorerà.»

Più tardi, al ristorante, Taylor non poté fare a meno di gemere di piacere per il delizioso cibo cinese. Se si fosse trasferita definitivamente a Lilac Lake, avrebbe sicuramente dovuto tornare in città di tanto in tanto per gustare una cucina più varia.

Con la sua aria sofisticata, Cooper le sembrava più attraente che mai, sebbene avesse ben stampata nella memoria l'immagine sexy di lui in costume da bagno, al cottage.

Lui le sorrise. «È bello essere tornata, vero?»

«Bello, sì, ma ora come ora mi sento a casa da entrambe le parti» rispose con onestà. «Ho già deciso di traslocare a Lilac Lake, ma tornerò qui il più spesso possibile.»

«Allora non pensi di rinunciare al tuo appartamento?» Cooper sollevò le sopracciglia in un'espressione sorpresa.

«No. Avevo ancora dei dubbi, ma ora ne sono convinta.»

«Io sto riflettendo su cosa fare» disse Cooper. «Gran parte del mio lavoro può essere svolto anche al di fuori dell'ufficio, ma ho bisogno di essere presente per dare una mano nella gestione dell'attività. Al momento è tutto molto incerto, finché mia madre non tornerà al lavoro. Giura che sarà di nuovo al suo posto nel giro di un mese.»

«Sono contenta che stia così bene.»

«Anch'io. Dalla morte di mio padre, è stata sempre molto

occupata con la casa editrice, ma mai così tanto da non avere tempo per me e mia sorella.»

«È questo l'importante. Vorrei diventare una madre del genere, un giorno.»

Cooper le rivolse uno sguardo indagatore che le fece battere forte il cuore. «Io ho sempre sognato una bella famiglia numerosa.»

Taylor non riuscì a celare il rossore che le aveva imporporato le guance, all'idea di fare dei bambini con Cooper.

Come se le avesse letto nel pensiero, lui si allungò sopra il tavolo per prenderle la mano. Si stavano ancora guardando negli occhi, con il sorriso sulle labbra, quando il cameriere passò a domandare se desideravano altro.

«No, grazie» disse Cooper, tirando fuori la carta di credito dal portafogli.

Taylor sorrise. Sembrava tanto ansioso di andare via quanto lo era lei.

Uscirono dal ristorante e tornarono al suo appartamento a piedi. Una delle cose che le piaceva della sua casa newyorkese era l'abbondanza di locali e ristoranti nelle immediate vicinanze. E quella sera ne era particolarmente grata, visto che non vedeva l'ora di passare un po' di tempo da sola con Cooper.

Dopo aver temuto di averlo perso, Taylor si voltò verso di lui con uno sguardo ansioso. «Vuoi salire da me?»

«Se ne sei sicura, mi piacerebbe.» I suoi occhi così affascinanti si accesero di un verde caldo.

Raggiunsero l'edificio e presero l'ascensore. Il suo appartamento era all'undicesimo piano.

Davanti alla porta, i nervi di Taylor cominciarono a ballare il tiptap, al pensiero di quello che stava per succedere. Girò la chiave e poi si fece da parte per fare entrare Cooper.

«Cosa ne dici di un bicchiere d'acqua fresca? Mi viene sempre una gran sete dopo aver mangiato cinese.» Era solo un modo di prendere tempo, ne era consapevole, ma non riusciva a farne a meno. Sapeva cosa volevano entrambi, ma era incerta su come arrivarci.

«Mi va proprio un po' d'acqua» replicò Cooper seguendola nella stretta cucina.

Taylor ne versò un bicchiere a entrambi e poi si spostarono in salotto. Cooper si sedette sul divano e indicò con un colpetto del palmo lo spazio vuoto accanto a lui.

Taylor gli porse da bere e si sedette al suo fianco.

«A noi due.» Cooper sollevò il proprio bicchiere. «Mi auguro che questa serata sia solo la prima di molte, di cene condivise e piacevoli momenti insieme.»

«A noi due» rispose Taylor, facendo tintinnare il bicchiere contro il suo.

Cooper allungò un braccio e la strinse più vicina.

Taylor posò il bicchiere e si rannicchiò contro di lui. Adorava la sensazione del suo corpo forte avvolto attorno a lei.

«Sono molto felice che tu sia qui e che abbia deciso di continuare a vivere in città, per parte della tua vita.» mormorò Cooper. «Significa molto per me.»

«E cosa mi dici di Lilac Lake?» lo provocò Taylor.

«Mi piace anche lì. È un bel posto e le persone sono amichevoli. Possiamo avere il meglio di due mondi.»

«Mmh» commentò Taylor e cercò le sue labbra.

Persa nel suo abbraccio, dimenticò ogni altra cosa, e la questione di dover avere due case scomparve. Niente, ricordò a se stessa, era più importante dell'amore che c'era tra loro. Aveva atteso tutta la vita di trovarlo.

Quando fu evidente che entrambi volevano di più, si spostarono in camera da letto.

Taylor si bloccò sulla porta, nervosa e impacciata.

«Rilassati» mormorò Cooper. «Andrà tutto bene.»

Abbandonandosi al suo bacio, scoprì ben presto che lui non aveva del tutto ragione. Quello era molto più che "bene".

Più tardi, rimasero sdraiati vicini a parlare della loro infanzia, dei sogni per il futuro e di come avrebbero potuto passare più tempo possibile insieme.

Ma quando Taylor cominciò a sentirsi troppo protesa nel futuro, mise da parte quei pensieri. Una cosa alla volta. Doveva intanto terminare il libro e superare il colloquio con la madre di Cooper senza distruggere il proprio futuro con le Edizioni Pritchard.

CAPITOLO 43
TAYLOR

La mattina seguente, Taylor si svegliò e rotolò sul lato del letto in cui la sera prima c'era Cooper. La loro unione era stata spirituale, molto più che fisica. Il modo in cui si erano connessi le diceva con forza che doveva impegnarsi per fare funzionare le cose tra loro, tanto sul piano professionale che privato.

Le ci volle un attimo per mettere a fuoco il bigliettino sopra il cuscino. Lo prese e sorrise leggendo l'unica parola: "AMORE". Diceva più che se ci avesse girato attorno con mille parole.

Per quanto fosse forte la voglia di indugiare tra le lenzuola a ripensare a loro due in quel letto la notte prima, decise di alzarsi. Aveva soltanto pochi giorni per ultimare la revisione, per cui doveva muoversi. Per fortuna, aveva già inserito le sue idee per rafforzare la storia.

Era davanti al computer, ancora in pigiama, quando la chiamò Cooper. «Ehi, bella addormentata. Scusa se sono sgattaiolato via senza salutarti, ma sapevo che oggi avremmo dovuto entrambi alzarci presto. Però non ce l'ho fatta a disturbarti, dormivi troppo beata.»

«Mi sono accorta che a un certo punto della notte te ne sei andato, ma ho apprezzato il bigliettino. In questo momento sono presa con il libro, ma se per cena sei libero potremmo farci portare qualcosa qui, stavolta. Ho pensato che potrei mandarti un pezzo di romanzo a sera, da qui al giorno dell'incontro con tua madre. Va bene per te? L'idea è che devi solo leggere e non commentare, a meno che non noti un problema eclatante.»

«Mi sembra un ottimo piano. Non ti darò suggerimenti, al limite, se necessario, metterò dei commenti.» Poi aggiunse: «Mi piace la tua indipendenza» e Taylor fu certa di leggere un sorriso nella sua voce.

Soddisfatta del suo piano, lo salutò e tornò al lavoro.

Alle cinque di quel pomeriggio, Taylor si alzò dalla sedia e si stiracchiò come un gatto pigro. Aveva revisionato un terzo del libro, aveva ben caratterizzato i suoi personaggi e i loro obiettivi e introdotto alcuni dei problemi che avrebbero potuto ostacolarli.

Felice dei progressi raggiunti, si affrettò a buttarsi sotto la doccia e vestirsi. Aveva appena il tempo di fare un salto al negozio per comprare la cena: sushi, frutta e una bottiglia di vino bianco. Cooper aveva dichiarato di amare il sushi e c'era un locale che lo preparava a due isolati di distanza.

Era appena rientrata quando Cooper la chiamò per informarla che stava arrivando, che aveva usato il fatto che dovevano lavorare insieme come pretesto per andarsene dall'ufficio a un orario ragionevole.

«Ho preso da mangiare e ti aspettano anche diversi capitoli da leggere.»

«Li scorrerò il più in fretta possibile, perché ho altre cose in mente.»

Taylor si sentì percorsa da un brivido di eccitazione, anche se rise insieme a lui. Sebbene gli avesse detto di essersi innamorata di lui, non aveva ancora pronunciato le due parole fatidiche. Ma sapeva che presto si sarebbe sentita a suo agio nel farlo.

Cooper arrivò quando aveva appena finito di mettere un po' in ordine l'appartamento.

Sulla porta, si sorrisero e lei gli si gettò tra le braccia. Ridendo lui la strinse forte a sé. «Ti ho pensata per tutto il giorno.»

Nel calore del suo abbraccio, gli rispose: «Anch'io. Ma sono riuscita comunque a fare il mio lavoro. Mi è molto utile potermi specchiare in Vanessa, e pensare a te quando scrivo di Tom.»

Lui le baciò la sommità della testa e fece un passo indietro. «Io e Candace abbiamo avuto un franco confronto su quello che vogliamo per il futuro. A me interessa continuare a lavorare nel settore creativo, mentre a lei piace quello amministrativo: dati delle vendite, contratti... tutto quello che a me annoia. Abbiamo capito che non c'è affatto bisogno di pestarci i piedi a vicenda. È un perfetto incontro di talenti diversi.»

«Dev'essere un enorme sollievo per te» commentò Taylor. «Che cosa ne pensa vostra madre dell'accordo?»

«Ne avevamo già parlato in precedenza. Tu mi hai aiutato a chiarirmi le idee, mostrandomi come si vive a Lilac Lake. Ho bisogno di flessibilità, di poter lavorare dove e quando mi pare, non voglio essere incastrato tutto il giorno in ufficio. Ora che tanta gente opera in smart working, si è capito che il lavoro può essere svolto altrettanto bene, forse anche meglio, quando si offre quel genere di flessibilità alle persone. Io amo il mio lavoro, sento un senso di responsabilità verso la mia famiglia e, più di tutto, voglio avere la possibilità di trascorrere più tempo insieme a te.» Il suo sguardo indugiò su di lei. «Va bene per te?»

Taylor gli restituì quello sguardo serio. Non aveva mai avvertito una connessione così forte con nessuno. «Per me va più che bene. Voglio passare più tempo possibile con te» disse sicura. «E non solo adesso, ma anche in futuro.»

Cooper le sorrise, stringendola tra le braccia. «Mi piace

questo tuo nuovo atteggiamento sfrontato.» Si chinò e la baciò, lasciandole intuire, con la profondità di quel bacio, la promessa di molti altri giorni come quello.

Quando si separarono, Taylor propose: «Accomodati in soggiorno, così ti porto un calice di vino e qualche capitolo da leggere.»

«Okay.» Così dicendo, si sfilò la cravatta e sistemò la giacca sullo schienale di una sedia. «Mi pare fantastico. Un altro aspetto positivo: se non devo restare confinato in ufficio, non sarò costretto a indossare un completo.»

«Nessuno si veste da ufficio, a Lilac Lake» lo provocò Taylor.

«Ci avevo già pensato» le sorrise.

Taylor gli portò un calice di vino e il fascio di pagine revisionate. «Fammi sapere solo se ci sono buchi evidenti. Nient'altro.»

Intanto che Cooper leggeva, Taylor passò lo straccio sui piani della cucina e sistemò il cassetto delle posate, nel tentativo di tenersi occupata per non restare ad aleggiare dietro la sua spalla, come avrebbe voluto.

Dopo aver letto tutte le pagine, Cooper le mise da parte e sorrise. «Mi piace davvero molto quel che hai fatto. I personaggi sono caratterizzati meglio e la trama è più solida. Vai avanti così. Sarà il tuo libro migliore.» Poi le rivolse un sorriso malizioso. «Ora posso avere un altro bicchiere di vino?»

Taylor scoppiò a ridere. «Scusa, ero così nervosa al pensiero se avresti approvato o no i miei cambiamenti, che mi sono dimenticata di offrirtelo. Ora possiamo rilassarci. Ho preso del sushi e qualche altro sfizio per cena.»

«In realtà, io sto aspettando solo il dessert» dichiarò Cooper, con uno sguardo malandrino.

Taylor sogghignò. L'idea non le dispiaceva affatto.

A cena, discussero per un po' dei problemi dell'industria editoriale, che doveva lottare per tenersi al passo con i cambiamenti del mercato, e lui la ascoltò con attenzione mentre gli raccontava di alcune sue amiche che avevano scelto il mondo Indie.

A Taylor fece piacere scoprire che riuscivano a conversare anche quando erano in disaccordo, senza chiudersi. E più tardi, a letto, trovarono una maniera del tutto diversa di continuare la conversazione.

Nelle due sere successive, replicarono lo stesso schema: Cooper leggeva velocemente il materiale che lei aveva prodotto durante il giorno e poi cenavano insieme.

Finalmente, la sera prima dell'incontro con sua madre, arrivò il momento di fargli leggere il finale. Taylor non avrebbe saputo dire da quale punto la sua storia aveva cominciato a ricalcare la relazione tra lei e Cooper, ma dopo essere arrivata alla parola "fine", le fu molto evidente.

Si appoggiò allo schienale della sedia, ancora di fronte al computer, soddisfatta del lavoro che aveva fatto. I lettori volevano un lieto fine. E non poteva che sperare che anche lei e Cooper ne avrebbero avuto uno.

Lui arrivò, tutto elegante nel suo completo da ufficio. «Siamo pronti per domani?»

Taylor sorrise. «Penso di sì.»

Con le mani che le tremavano, gli porse le ultime cinquanta pagine del romanzo. La sua opinione significava così tanto per lei, in un modo nuovo e diverso. Prima, avevano lavorato insieme in astratto. Ma quel libro, quel finale, era diventato anche il suo.

«Va bene» disse Cooper, sorridendole incoraggiante. «Lascia che mi sieda e le legga.»

Prese i fogli e si accomodò sul divano in soggiorno.

Taylor si accorse che era ansioso di leggerle quanto lei. Chiuse gli occhi e pregò dentro di sé che gli piacessero. Era davvero importante che andasse così.

Era immerso nella lettura da nemmeno un quarto d'ora quando le sembrò di non farcela più. Si alzò, andò in soggiorno e gli rivolse uno sguardo speranzoso.

Cooper non diede nemmeno segno di essersi accorto della sua presenza.

Sconfitta, tornò nel suo studio e ricominciò a camminare avanti e indietro.

Dopo altri quindici minuti, tornò ad affacciarsi alla porta del soggiorno. «Vuoi un po' d'acqua? Un po' di vino o altro?»

Lui scosse la testa e la scacciò con un gesto della mano.

Con i nervi a fior di pelle, Taylor tornò nello studio a fissare lo schermo vuoto del suo portatile. Era solo una macchina, ricordò a se stessa. Le storie provenivano da lei. A volte con l'aiuto di un amico, di qualcuno di cui si fidava, ma per lo più solo da lei. Nessuno avrebbe potuto portargliele via. Saper scrivere storie era un dono, né più né meno come lo era per sua sorella saper cantare e ballare. Senza alti e bassi e un sacco di pratica, nessuna narrazione poteva prendere vita. E quell'ultima storia di certo l'aveva messa alla prova.

Taylor non aveva idea di quanto tempo avesse trascorso fissando il computer quando Cooper la chiamò. Con il cuore che martellava nel petto uscì dallo studio e andò a raggiungerlo.

Lui sollevò lo sguardo e, con orrore di Taylor, i suoi occhi si riempirono di lacrime.

«Oh no! Cosa ne pensi?»

«È bellissimo» rispose Cooper, mettendo da parte i fogli per alzarsi in piedi. «Il finale perfetto.»

Taylor si lanciò tra le sue braccia. «Sono così felice di sentirtelo dire. Io... io...» si bloccò. Le parole che voleva dirgli facevano parte della storia. Della loro storia. «Ti amo.»

Cooper le sorrise, con gli occhi lucidi per l'emozione. «Ti amo anch'io, Taylor.» Le prese il volto tra le mani per poi chinarsi a catturarle le labbra.

Taylor si sollevò sulla punta dei piedi per ricambiare il bacio, con tutto l'amore che provava. A volte le parole non erano sufficienti. A volte dovevi saper leggere tra le righe per trovare l'amore che attendevi da tutta una vita.

A quel punto, qualunque cosa riservassero i giorni a venire, sapeva che era abbastanza.

CAPITOLO 44
TAYLOR

Il giorno successivo, mentre aspettava che Cooper passasse a prenderla per portarla da sua madre, Taylor si agitò per come le stavano i capelli, la camicetta, la gonna. Nello sforzo di apparire professionale per l'incontro con Grace Pritchard, aveva raccolto i capelli in uno chignon sulla nuca che le dava un'aria più classica. Voleva farle una buona impressione da ogni punto di vista.

Accorse al suono del campanello.

Gli occhi di Cooper si spalancarono mettendola a fuoco. «Wow! Sei bellissima. Così...»

«Professionale?» suggerì lei.

«E non solo. È stato carino da parte tua metterti elegante per conoscere mia madre.»

«Nonché il mio capo» gli ricordò, con un ampio sorriso.

Lui rimase ad aspettarla mentre chiudeva a chiave e poi scesero in strada, dove un autista Uber li aspettava.

«Dove stiamo andando? Al centro di riabilitazione?» chiese Taylor, mentre saliva sul sedile posteriore dell'auto.

«No, mia madre è tornata al suo appartamento, pur continuando a seguire dei corsi al centro di riabilitazione. Le piace molto di più così, ma è ancora sotto l'occhio vigile dello staff medico che la controlla ogni giorno per assicurarsi che faccia esercizio e mangi nel modo giusto. Sanno che i pazienti sono più rilassati a casa loro, ma non le permetteranno di trasgredire al programma.»

«Sono felice per lei. Non c'è niente come casa propria.»

Cooper sogghignò. «Anche se ne hai due?»

Lei scoppiò a ridere. «Sì, finché le ami entrambe.» Ci aveva riflettuto e aveva deciso che l'idea di vivere in entrambi i luoghi faceva proprio per lei. Avrebbe fatto la sua parte per occupare il cottage per il tempo necessario e non pensava che alle sue sorelle sarebbe dispiaciuto se passava del tempo a New York. Il fatto che Dani avesse deciso di vivere a Lilac Lake per tutto l'anno aveva reso le cose più facili a tutte.

Si fermarono sotto un elegante edificio sulla 57ª, una delle zone più esclusive della città. Taylor sapeva che la madre di Cooper aveva un ampio appartamento, e che Cooper era andato a stare temporaneamente da lei, dopo aver lasciato l'appartamento da scapolo che aveva condiviso per qualche anno con altri due inquilini.

«Eccoci qui» disse Cooper. La aiutò a scendere dall'auto e si diressero all'interno.

Taylor aveva le mani fredde e per un attimo le si contrasse lo stomaco.

Rendendosi conto di quanto fosse a disagio, Cooper le cinse le spalle con un braccio. «Non c'è niente di cui preoccuparsi. Ricordi?»

Gli fece un sorriso forzato. Sapeva che era sciocco dare tutta quell'importanza all'incontro, ma per lei significava più di quanto Cooper immaginasse.

Presero un ascensore fino al trentacinquesimo piano, e quando ne uscirono si trovarono davanti una serie di doppie porte. Cooper la guidò verso una di queste, e bussò prima di aprire.

L'ampio ingresso di marmo conduceva a un salone illuminato parzialmente dalle vetrate lungo tutta una parete, che offrivano una bella vista sulla città. Al centro della stanza, spiccava un ampio tappeto orientale sui toni dell'azzurro, che si armonizzava con due divani di pelle color cuoio e due poltrone antiche rivestite con un'elegante tappezzeria nei toni dell'azzurro, del tabacco e del panna. Tra i due divani c'era un tavolino di legno e cristallo, su cui troneggiava una pila di libri. La stanza era formale ma abbastanza vissuta da risultare accogliente. La tensione nelle spalle di Taylor si allentò.

Grace Pritchard attraversò la stanza a grandi passi, con lo sguardo che si spostava tra lei e Cooper. «Salve, Taylor. Sono felice di incontrarla, finalmente.»

Taylor le strinse la mano che lei le aveva teso e sorrise. «È un piacere anche per me.»

«E tu come stai, mio caro ragazzo?» domandò poi Grace, baciando la guancia del figlio.

«Tornare a casa ti ha fatto bene, mamma. Stasera mi sembri in gran forma.»

«Ci vuole ben altro per farmi fuori» rispose lei con un sorriso, scacciando la sua preoccupazione con un gesto. «Vogliamo accomodarci?» Fece strada verso uno dei divani.

Taylor e Cooper presero posto sull'altro, di fronte a lei.

Grace posò lo sguardo su Taylor. «È da un po' che volevo conoscere la donna dietro ai libri di cui mi sono innamorata. Sapeva che io e Dorothy Minton siamo amiche di lunga data?»

«L'ho saputo solo di recente» rispose Taylor.

«Be', la storia è un po' più lunga, in effetti. Io e Dorothy avevamo un'amica in comune, Sherrie Blaine. Ora è morta, ma anni fa, dopo un disastroso divorzio, si era ridotta sul lastrico, viveva in pratica per strada. Una donna di nome Eugenia Wittner si fece avanti per aiutarla e le permise di ricominciare, nel settore editoriale. Il nome Eugenia Wittner le è familiare?»

Gli occhi di Taylor si erano spalancati per la sorpresa. «Certo, è la mia GG. Tutte noi sappiamo che ha aiutato tante persone, ma lei non ne parla mai.»

«Be', io e Dorothy stavamo discutendo dei libri dei suoi clienti, un giorno, ed è venuto fuori il suo nome e il suo legame con Lilac Lake. Mi sono incuriosita, e una breve ricerca mi è bastata a capire che lei era la nipote di Genie Wittner. Dorothy e io abbiamo pensato che come minimo dovevamo offrirle la possibilità di dimostrare il suo valore alle Edizioni Pritchard. Nessuna di noi due si è sorpresa per l'ottima ricezione dei suoi libri. Sono davvero speciali. Quindi, credo che lei sia la riprova che una buona azione ne chiama un'altra.»

Taylor lasciò uscire il fiato che non si era accorta di aver trattenuto. «GG è una donna straordinaria. Sono molto orgogliosa di lei.»

«Mi sembra giusto» disse Grace. «Ora possiamo passare a parlare del libro che sta revisionando.»

«L'ho ultimato. Credo che lei e gli altri ne saranno felici. È un libro molto più forte e profondo.»

«Ma conserva ancora la sua dolcezza speciale?» chiese Grace sporgendosi in avanti, lo sguardo inchiodato in quello di Taylor.

«Direi proprio di sì.»

«Sebbene non abbia supervisionato io la riscrittura, lo penso anche io» disse Cooper. «Taylor voleva lavorarci da sola, e dalla mia rapida rilettura sono felice di dire che non avrebbe potuto fare lavoro migliore.» Prese la mano di Taylor e le diede una stretta di incoraggiamento.

Grace rivolse a entrambi un sorriso di approvazione. «Sbaglio o mi sembra di vedere qualcos'altro tra voi due?»

Taylor non riuscì a impedirsi di arrossire furiosamente.

Cooper le lanciò una rapida occhiata e poi si rivolse alla madre. «Ci siamo innamorati.»

«Ah, che deliziosa notizia» esclamò Grace. «Dorothy e io ce lo sentivamo, che sarebbe potuto accadere.» Poi, guardando Taylor aggiunse: «Dorothy è la madrina di Cooper, per cui vi conosce abbastanza bene tutti e due.»

«Mia nonna era al corrente di tutto ciò?» la interrogò

Taylor, incerta su come la facesse sentire quella specie di complotto.

«No» rispose Grace. «Non avevamo idea di come sarebbe finita e volevamo che le cose accadessero in maniera naturale.» Poi si alzò in piedi, si avvicinò a Taylor e aprì le braccia. «Posso?»

Taylor si alzò e ricevette l'abbraccio della madre di Cooper.

«Questo è il primo di molti» disse lei, facendo un passo indietro e squadrandola con il sorriso sulle labbra. «Mi è piaciuto come hai gestito Candace. Mi ha raccontato della vostra conversazione telefonica e di come hai insistito per fare le cose a modo tuo. È il genere di spirito che ammiro.»

«La scrittura è una cosa molto personale» rispose Taylor. «Non potevo permettere a nessuno di togliermi il controllo.»

«E non dovrai mai farlo» affermò Grace. «Va bene per voi se organizzo una cenetta tranquilla stasera qui con voi due, Dorothy e Candace?»

Cooper cercò il suo sguardo.

Taylor sorrise raggiante. «Sarebbe molto carino.»

«Grazie, mamma» rispose Cooper.

Guardandoli mentre si abbracciavano, Taylor capì che sarebbe andato tutto bene. Cooper era un uomo favoloso, che non aveva paura di mostrare il proprio affetto, molto distante dalla persona fredda e senza cuore che lei aveva immaginato all'inizio.

Si voltò a guardarlo. «Perché sei stato così duro con me nella tua prima e-mail?»

Lui scosse la testa. «Mi dispiace. Immagino di esserne rimasto deluso, dopo aver letto i tuoi primi due libri. Tra le righe, mi aspettavo di più. Capisci?»

Taylor annuì. Cooper aveva avuto ragione fin dall'inizio. Solo quando si era innamorata di lui era stata in grado di capirlo.

Grace sorrise soddisfatta. «A volte le azioni sono più potenti delle parole.»

«In questo caso...» Cooper le rivolse un sorriso provocatorio, poi prese Taylor tra le braccia e la baciò per dimostrarlo.

Quella sera, Taylor e Cooper tornarono all'appartamento di sua madre per la cenetta tranquilla che aveva promesso.

«Sono così contenta di come si sono messe le cose» li accolse Grace. «Propongo di brindare con un po' di champagne, per festeggiare una nuova storia d'amore e un nuovo libro.»

«Le menti brillanti ragionano allo stesso modo» replicò Cooper, e mentre madre e figlio si sorridevano, Taylor non poté non notare quanto si somigliavano.

Nell'istante in cui fece la sua comparsa Dorothy, Taylor le corse incontro. «Mi hai nascosto dei segreti. Non sapevo che fossi una cupido in gonnella, ma ti adoro per questo.»

Dorothy scoppiò a ridere. «Il compito di un'agente è aiutare i propri clienti a ottenere il miglior risultato possibile.»

«Parli da vera professionista» commentò Grace, baciandole la guancia. «Io e te insieme abbiamo fatto un lavoro spettacolare con questi due.»

Dorothy rise. «Parli come una vera madre devota.»

Le due si allontanarono tenendosi a braccetto.

Cooper raggiunse Taylor, portando un cestello d'argento pieno di ghiaccio e una bottiglia di champagne. «Sembra che ci sia la famiglia al completo, a parte mia sorella Candace. Lei arriva sempre un po' in ritardo. Ma vedrai che ti piacerà.» Si voltò sentendo la porta aprirsi.

Candace, che somigliava moltissimo al fratello, le sorrise. «Ciao, Taylor. Io sono Candace. Benvenuta in famiglia.»

«Grazie» balbettò Taylor, scioccata dal piercing al naso e dal braccio tatuato, così in contrasto con la madre, dall'aria sobria e classica.

«Accadono un sacco di cose tra le righe» le sussurrò Cooper all'orecchio.

Taylor non riuscì a reprimere una risatina. «Puoi dirlo forte.»

Si accomodarono in salotto, dove Cooper stappò lo champagne, lo assaggiò e lo versò nei bicchieri. Quello di Grace conteneva solo un dito di vino spumeggiante, ma sollevò comunque il suo calice a tulipano insieme agli altri.

«Alla magia delle parole e dell'amore» dichiarò. Poi si voltò verso Cooper, con un sorriso malinconico. «Tuo padre sarebbe così orgoglioso di te.»

«E di me no?» chiese Candace, con il tipico tono della schermaglia tra fratelli.

«Anche di te» ridacchiò Grace. «Io sono orgogliosa di entrambi. So che ci sono stati dei piccoli passi falsi tra voi in mia assenza, ma mi dicono che gli affari sono in ottime mani. Sarà un sollievo per me quando voi prenderete le redini dell'azienda.»

«Allora, quando pensi di ritirarti?» chiese Candace.

«Ritirarmi?» Lo shock sul volto di Grace diceva già tutto.

Taylor si unì alle risa, felice di scoprire che lei e Cooper avevano altro tempo davanti, per far funzionare le cose tra loro.

Dopo una cena leggera ma gustosa, in linea con il nuovo regime alimentare di Grace, Taylor e Cooper tornarono nel suo appartamento.

«Che giornata!» commentò lui, all'interno dell'auto Uber che avevano preso per risparmiarsi la pioggia.

«Fantastica» concordò Taylor. «Tua madre mi piace

molto. E anche tua sorella.»

«Grazie.»

L'autista li lasciò davanti al condominio di Taylor e lei fece una corsetta fino al portone per non bagnarsi. Cooper pagò l'autista e la seguì.

Una volta nell'appartamento, Taylor si fermò davanti alla finestra ad ammirare le luci della città sotto di loro. La pioggia sui vetri sfocava il panorama, facendolo assomigliare a un dipinto. Lei e Cooper avevano parlato di prendersi un appartamento insieme in città, in futuro, ma per il momento quello era il posto perfetto per lei.

Cooper si mise dietro le sue spalle. «Hai idea di quanto ti amo?»

Taylor si voltò con un sorriso sulle labbra, che si spalancarono quando notò lo scatolino per gioielli che lui teneva in mano.

Cooper si inginocchiò davanti a lei e sollevò lo sguardo cercando il suo. «Taylor Gilford, vuoi sposarmi? Ti amo in una maniera che non credevo possibile. Mi ci è voluto pochissimo tempo a capire che sei la parte di me che mi mancava. Voglio trascorrere il resto della mia vita con te, avere una famiglia, affrontare insieme a te le sfide che arriveranno. Prometto di percorrere ogni passo al tuo fianco. Ti amo così tanto.»

Le lacrime offuscarono la vista di Taylor. Non avrebbe potuto scrivere una scena migliore di quella. Si afferrò le mani. «Sì. Cooper, voglio sposarti.»

Lui si alzò per abbracciarla. «Mi hai reso così felice.» Le prese il volto tra le mani e si chinò a catturare le sue labbra. Taylor si lasciò andare contro di lui, nella forza e nella tenerezza che amava.

Quando si separarono, lui aprì lo scatolino. All'interno c'era un diamante rotondo circondato da zaffiri di un blu profondo.

«È meraviglioso» sussurrò Taylor, mentre lui le infilava l'anello al dito.

«Lo sapevi che lo zaffiro è la pietra della saggezza? Si dice che stimoli la concentrazione, favorisca la creatività e sostenga la purezza e la profondità del pensiero.» Cooper le rivolse un sorriso malizioso. «Non potevo scegliere di meglio per una scrittrice come te.»

Lei posò lo sguardo sul diamante sfavillante al suo dito e scoppiò a ridere. «Immagino tu l'abbia letto da qualche parte.»

«Ovvio» rispose lui, baciandola ancora. «Volevo che fosse perfetto, unico, per te.»

CAPITOLO 45
TAYLOR

Due giorni dopo, Taylor era diretta a Lilac Lake. Era una persona diversa da quella che aveva percorso la stessa strada due mesi prima, e che pensava si sarebbe fermata solo per il fine settimana. Erano accadute così tante cose a lei e alle sue sorelle. Lei e Dani avevano trovato l'amore, mentre Whitney aveva dovuto dire addio a un uomo che un tempo aveva amato. C'erano ancora decisioni da prendere ma, come aveva sperato GG, Lilac Lake si era dimostrata un potente catalizzatore di cambiamenti nelle loro vite. Delle tre, Whitney era quella dal futuro più incerto. Ma qualunque sfida la vita le avesse messo davanti, lei e Dani sarebbero state lì per sostenerla.

Il pensiero tornò a GG. Era una donna preziosa, a cui era stata data l'opportunità di cambiare la vita delle persone con i suoi doni, proprio come il genio della lampada a cui si ispirava. Dopo aver sperimentato il suo amore per così tanto tempo, Taylor ci teneva a restarle accanto, ora che lei avrebbe avuto sempre più bisogno di assistenza. Solo il pensiero di un giorno in cui GG non sarebbe più stata lì per lei e le sue sorelle, le riempì gli occhi di lacrime.

Infine pensò a Cooper. In aggiunta alla propria, per Taylor c'era la promessa di una famiglia tutta nuova, con la madre e la sorella di Cooper. Vederlo insieme a loro le aveva fatto capire meglio il suo desiderio di rivendicare una posizione nella casa editrice, e lo applaudì silenziosamente per quello.

Il cellulare squillò. *Dani.*

Prese la chiamata con un sorriso. «Ehi, come va?»

«Volevo solo sapere come stai. Ho parlato con GG stamattina che mi ha raccontato una storia stupefacente.»

«Cosa ti ha detto?» chiese Taylor. Aveva condiviso le novità con i suoi genitori, ma aveva precisato a sua madre che voleva dirlo a GG di persona. Ma forse la madre di Cooper l'aveva già chiamata?

«Tanto per cominciare, sapevi che la madre di Cooper e la tua agente avevano un'amica che...?» chiese a sua volta Dani.

«Oh, allora sai tutto?» Taylor cominciò a ridere senza lasciarla finire.

«Tutto» confermò la sorella. «GG ci ha invitate per il tè, così puoi raccontarle tutta la storia daccapo. Mi ha detto di riferirti che le cose migliori accadono tra le righe.»

Taylor rise, ripensando a Cooper. «Lo penso anch'io.» Con la coda dell'occhio vide un raggio di sole colpire il diamante al suo dito e fu investita da un'ondata di gioia. Di certo la vita avrebbe riservato loro molte sorprese nel futuro, ma lei e Cooper insieme le avrebbero fronteggiate tutte.

Chiacchierò ancora alcuni minuti con Dani, poi la salutò. Stava tornando a casa.

Grazie per aver letto *Amore tra le righe*. Se questo libro vi è piaciuto, aiutate altri lettori a scoprirlo lasciando una recensione su Amazon, Goodreads o sul vostro sito preferito. È un bellissimo modo per ringraziare l'autore.

L'AUTRICE

Judith Keim, **autrice bestseller su *USA Today*,** è un'autrice ibrida, ovvero ha un editore e si autopubblica. Scrive romanzi che scaldano il cuore, raccontando di donne che vivono sfide inaspettate, le affrontano con forza e trovano l'amore e la felicità lungo la strada. I suoi libri più venduti si basano spesso sui luoghi dove ha vissuto o che ha visitato e sulle persone interessanti che ha incontrato, creando così personaggi credibili e ambientazioni realistiche che i suoi numerosi e fedeli lettori amano.

Ha trascorso l'infanzia e la giovinezza a Elmira, New York, e ora vive a Boise, Idaho, con il marito e il loro adorabile bassotto, Wally, e altri membri della sua famiglia.

Fin da piccola è stata attratta dall'idea di scrivere storie. I libri erano sempre presenti: in lettura, pronti da restituire in biblioteca o ancora da scoprire. Condividere le storie dei libri letti era un'abitudine, in famiglia, contribuendo alla vivida immaginazione di tutti i membri.

Judith ama ricevere messaggi dai lettori e apprezza il loro entusiasmo per le sue storie.

Iscriviti alla sua newsletter:
https://BookHip.com/RRGJKGN
Visita il suo sito:
http://www.judithkeim.com/
Trovala su Goodreads:
**https://www.goodreads.com/author/show/29990
38.Judith_Keim**